Auch Du kannst mehr aus Deinem Leben machen

Rolf Merkle

Auch Du kannst mehr aus Deinem Leben machen

Positive Denkanstöße
für ein erfülltes und erfolgreiches Leben

PAL

CIP- Kurztitelaufnahme der Deutschen Bibliothek

Merkle, Rolf

Auch Du kannst mehr aus Deinem Leben machen: positive Denkanstöße für e. erfülltes u. erfolgreiches Leben / Rolf Merkle. - 2. Aufl. - Mannheim: PAL, 1987.

ISBN 3-923614-16-0

2. Auflage 1987

Herstellung: C. Bockfeld, Neustadt
Umschlaggestaltung: Stefanie Maag
ISBN 3-923614-16-0

Für meine Mutter,
deren Liebe
und Unterstützung
ich nicht missen möchte.

Und für Doris,
meine Partnerin,
die mir die Freiheit läßt,
mich zu entfalten
und mich auf all
meinen Wegen
als Freund begleitet.

Inhalt

Ein
Vorwort
zum
nachdenklich
machen.

Ein 85jähriger Mann, der auf dem Sterbebett lag und der wußte, daß er bald sterben würde, sagte:

„Wenn ich noch einmal zu leben hätte,

- dann würde ich mehr Fehler machen; ich würde versuchen, nicht so schrecklich perfekt sein zu wollen
- dann würde ich mich mehr entspannen und vieles nicht mehr so ernst nehmen
- dann wäre ich ausgelassener und verrückter; ich würde mir nicht mehr so viele Sorgen machen um mein Ansehen
- dann würde ich mehr reisen, mehr Berge besteigen, mehr Flüsse durchschwimmen und mehr Sonnenuntergänge beobachten
- dann würde ich mehr Eiscreme essen
- dann hätte ich mehr wirkliche Schwierigkeiten als nur eingebildete
- dann würde ich früher im Frühjahr und später im Herbst barfuß gehen
- dann würde ich mehr Blumen riechen, mehr Kinder umarmen und mehr Menschen sagen, daß ich sie liebe.

Wenn ich noch einmal zu leben hätte, aber ich habe es nicht..."

Diese Worte enthalten eine Botschaft für uns. Sie wollen auffordern, wachrütteln, mahnen, anregen, erschüttern...

1

Von „Menschen ohne Grenzen” und negativ eingestellten Menschen.

Es gibt Menschen, die scheinen vom Pech verfolgt zu sein. Alles mißlingt ihnen, immer ziehen sie den kürzeren. Sie scheinen ungerechterweise immer vom Leben benachteiligt zu werden. Sie haben es immer schwerer als andere und sind die ewigen Zweiten. Wenn man sie frägt, woran es wohl liege, daß sie so vom Leben benachteiligt werden, dann sind es immer die anderen oder die Umstände, die dafür verantwortlich sind. Sie träfe keine Schuld. Wenn man sich mit diesen Menschen einige Minuten unterhält, dann stellt man fest, daß sie eingefleischte Pessimisten sind. Sie rechnen immer mit dem Schlimmsten. Sie finden immer ein Haar in der Suppe. Sie glauben nicht daran, daß alles gut wird. Sie „wissen", daß sich alle nur zu dem einen Zweck gegen sie verschworen haben: ihnen das Leben so schwer wie nur möglich zu machen. Und so kommt es dann auch. Ihre pessimistisch-negative Haltung zieht negative Erfahrungen an. Diese Menschen bezeichne ich in diesem Buch als negativ eingestellte Menschen.

Dann gibt es Menschen, die haben scheinbar immer Glück. Alles fällt ihnen in den Schoß, sie haben immer die Nase vorne. Nie scheint ihnen das Schicksal schlecht gesonnen zu sein. Sie stehen immer auf der Sonnenseite des Lebens. Keine Wolke scheint ihr Erdendasein zu trüben. Es scheint, als gelänge ihnen alles, was sie anpacken.
Sie wissen, daß ihr Glück kein Zufall ist oder das Ergebnis günstiger Umstände. Sie befolgen den Satz: Jeder ist seines Glückes Schmied. Sie wissen, daß Glück und Unglück eine Eigenleistung sind.

Diese Menschen sind Optimisten. Sie rechnen mit dem Besten, glauben daran, daß alles gut gehen wird, bejahen das Leben und die Menschen, kurzum: sie haben eine positive Einstellung zu sich und ihrem Leben. Diese positive Einstellung wirkt wie ein Magnet, der positive Erfahrungen anzieht. Diese Menschen bezeichne ich als Menschen ohne Grenzen, da sie sich nicht durch negative Einstellungen einengen.

Ich kann und will Ihnen nicht das große Glück versprechen, einfach deshalb, weil es dies nicht gibt. Ganz abgesehen davon, daß wir das wahre Glück nicht in einer Sache oder einem anderen Menschen finden können, gibt es nicht „das" Glück. Es gibt nur viele kleine Glücklichkeiten. Diese müssen wir uns Tag für Tag aufs neue schaffen, da sie wie der Sand in einer Sanduhr immer wieder zerrinnen. Das Glück läßt sich nicht wie ein Hund an die Kette legen. Man kann es nicht festhalten. Das Glück ist so zerbrechlich und flüchtig wie eine Seifenblase. Kaum halten wir es in unseren Händen und schon zerplatzt es. Wir stehen wieder mit leeren Händen da.

Ein chinesisches Sprichwort besagt: „Glücklich ist, wer sich dafür hält". Glücklichsein ist also eine Geisteshaltung, eine bestimmte Denkart. Diese können wir einüben und trainieren.

Viele Menschen suchen ihr Glück im materiellen Wohlstand, in der Anhäufung von Gütern, in immer neuen Liebesabenteuern, großartigen Reisen oder anderen Äußerlichkeiten. Sie glauben, daß sie glücklich sein werden, wenn sie dieses oder jenes erreicht haben. Dem ist jedoch nicht so. In all ihrer Geschäftigkeit haben sie nämlich keine Zeit innezuhalten und sich an dem zu erfreuen, was sie besitzen. Oder aber sie halten das, was sie besitzen, für selbstverständlich.

Glück ist, wie Gerhard Ritter sagt, „nichts weiter als eine besondere Art zu leben". Diese besondere Art zu leben haben sich Menschen ohne Grenzen bewußt oder unbewußt zu eigen gemacht.

Diese Lebensart verlangt vom Menschen,

a) für sich und sein Leben die Verantwortung zu übernehmen und sie nicht auf andere abzuwälzen

b) im Hier und Heute zu leben und nicht in der Zukunft oder der Vergangenheit
c) sein Leben so zu leben, wie er es möchte, ohne sich von anderen reinreden zu lassen
d) für alles Neue aufgeschlossen zu sein und nicht sein Leben in dem immer gleichen Trott zu verbringen
e) sich selbst mit all seinen Fehlern und Schwächen anzunehmen und sich nicht selbst der größte Feind zu sein.

Ich möchte Sie einladen, diese positive Lebensart von Menschen ohne Grenzen kennenzulernen. Diese Lebensart können wir uns alle aneignen. Sie ist nicht nur einigen wenigen Menschen vorbehalten. Wir alle können sie uns zu eigen machen, wenn wir uns darum bemühen.

Auch mir ist es nicht in den Schoß gefallen, meine einstmals negative Lebensart zum Positiven zu ändern. Ich war nicht schon immer der positive und zuversichtliche Mensch, der ich heute bin. Ich mußte hart an mir arbeiten. Sie können mir glauben, daß auch ich vor vielen Jahren das Opfer von Hemmungen und Ängsten war. Aber ich habe an mir gearbeitet. Ich habe mich und mein Leben Schritt für Schritt geändert. Ein manches Mal fiel mir das leichter, dann wieder schwerer. Oftmals verließ auch mich der Mut und ich bin in alte negative Gewohnheiten zurückgefallen. In solchen Momenten griff ich zu positiven und aufbauenden Büchern wie: „Sorge dich nicht, lebe", von Dale Carnegie oder „Erfolg durch positives Denken" von Clement Stone. Diese und viele andere Bücher bestärkten mich wieder in dem Glauben, daß auch ich es schaffen kann, meinem Leben eine positive Richtung zu geben. Was mir ebenfalls geholfen hat, war der Gedanke, daß es Menschen gab, die ähnlich wie ich sich jahrelang mit Ängsten und Hemmungen herumgeschlagen hatten, diese schließlich aber doch überwunden haben. „Also", sagte ich mir, „kannst du das auch schaffen.

Du darfst jetzt nicht aufgeben, nur weil du nicht auf Anhieb Erfolg hast. Andere haben es geschafft, also wirst du es auch schaffen. Probier es noch ein Mal".

Ich machte mir also selbst wieder Mut und tatsächlich ging es ein kleines Schrittchen weiter.

Heute bin ich froh, daß ich nicht aufgegeben habe. Ich bin ein riesiges Stück vorangekommen. Nicht, daß ich überhaupt keine Ängste und Hemmungen mehr hätte. Nein. Aber ich kann heute anders mit ihnen umgehen. Ich lasse mich von ihnen nicht mehr lähmen und daran hindern, aus meinem Leben das Beste zu machen. Ich habe heute eine andere, mehr positive Einstellung zum Leben. Sie hilft mir, auch in schwierigen Situationen nicht zu resignieren. Ich habe Vertrauen in mich, daß ich mein Leben meistern kann. Ja, in mir ist sogar so etwas wie eine grenzenlose Neugierde erwacht. Ich bin neugierig darauf, wo meine persönlichen Grenzen liegen. Und soll ich Ihnen etwas sagen: Ich kann sie nicht entdecken. Mit jedem Fortschritt und jeder Überwindung eines Hindernisses werde ich stärker. Ich spüre, wie mein Vertrauen in meine Fähigkeiten immer größer wird. Ich stelle fest, daß mir immer mehr Möglichkeiten offen stehen und es immer weniger Türen gibt, die für mich verschlossen sind. Das Leben ist für mich zu einem Abenteuer geworden. Und an diesem Abenteuer möchte ich Sie einladen teilzunehmen.

Ich wünsche und hoffe, daß auch Sie den Mut und die Ausdauer aufbringen werden, diesen Weg einzuschlagen. Auch für Sie steht die Tür zu einem neuen Leben offen. Seien Sie hungrig nach dem positiven Leben, das auch für Sie da ist. Denken Sie dabei immer daran:

Die längste Reise beginnt mit dem ersten Schritt.

Ihr Rolf Merkle

2

Gib nicht anderen
die Schuld
für Dein
Unglücklichsein.
Übernehme
für Dein Glück
selbst die
Verantwortung.

Gib nicht anderen die Schuld für Dein Unglücklichsein. Übernehme für Dein Glück selbst die Verantwortung.

In einem Fragebogen, den ich allen meinen Patienten gebe, steht die Frage: „Was ist der Nachteil beim Erwachsenwerden?" Die meisten meiner Patienten antworten darauf: „Der Nachteil ist, daß man dann für sich die Verantwortung übernehmen muß".

Die meisten Menschen erleben es als belastend, für sich selbst und ihr Leben die Verantwortung übernehmen zu müssen. Viele wären gerne immer noch das kleine Mädchen oder der kleine Junge, für den andere entscheiden. Sie hätten dann nicht die Verantwortung, wenn etwas schief ginge, und andere würden dann, wie früher die Eltern, ihre Fehler wieder ausbügeln oder dafür geradestehen.

Woher kommt es, daß wir uns so schwer tun, die Verantwortung für uns und unser Leben zu übernehmen? Meist hängt es mit Erfahrungen zusammen, die wir in unserer Kindheit gemacht haben. Wir haben erlebt, daß man zu Ausreden und Lügen greifen muß, um ungeschoren davonzukommen. Sind wir nämlich bei der Wahrheit geblieben, haben wir beispielsweise zugegeben, daß wir die Scheibe eingeworfen oder den Teller zerbrochen haben, dann mußten wir uns einen Vortrag über unsere Unvernunft und Dummheit anhören und obendrein den Schaden aus unserem Taschengeld wiedergutmachen.

Unsere Eltern bestraften uns durch Liebesentzug, Schläge, Taschengeldkürzungen oder sonstige Einschränkungen und Verbote. Wir wurden also für unsere Ehrlichkeit bestraft. Unsere Eltern zeigten kein Verständnis für unsere Fehler und Missetaten.

So ist es verständlich, daß wir uns angewöhnten, anderen die Schuld für unser Versagen zu geben. Wir wurden sehr erfinderisch, wenn es darum ging, die Erwachsenen von unserer Unschuld zu überzeugen.

Unsere Eltern, überhaupt alle Erwachsenen, waren für uns in dieser Hinsicht sehr gute Lehrmeister. Sie machten es uns vor, wie man sich durchs Leben mogelt. So erlebten wir vielleicht, daß sie zu Onkel Fritz sehr freundlich und nett waren, zu Hause aber über ihn herzogen. Wir erlebten, wie sie am Telefon eine Einladung mit der Begründung absagten, sie hätten ausgerechnet an diesem Tag schon etwas anderes vor. Sie würden ja gerne kommen, aber leider sei das nur nicht möglich. Das nächste Mal, hoffe man, kommen zu können. Kaum hatten sie aber den Hörer aufgelegt, sagten sie: „Bei denen ist es immer so langweilig. Und überhaupt. Mit denen kann man sich ja nicht vernünftig unterhalten".

So lernten wir, nach außen eine Fassade aufzubauen, aus unserem Herzen eine Mördergrube zu machen, keine Verantwortung zu übernehmen, anderen die Schuld für eigene Fehler und Schwächen zu geben, zu lügen und unehrlich zu sein.

Heute sind wir sehr schnell bei der Hand, andere für unsere Schwierigkeiten und Probleme verantwortlich zu machen. Mal ist es der Partner, der uns auf den Wecker geht, dann sind es die Kinder, die Arbeitskollegen oder der Chef. Sehr beliebt als Sündenbock sind auch die Eltern oder die schlechte Kindheit, die Vererbung oder die wirtschaftliche Lage. Selbst der liebe Gott bleibt da nicht verschont.

So werfen viele Menschen ihren Eltern vor, diese seien daran schuld, daß sie Probleme haben und im Leben auf der Verliererseite stehen.

Sie werfen ihnen vor, sie hätten sie zu streng oder zu nachgiebig erzogen, hätten nie ein gutes Wort für sie übrig gehabt oder hätten sich nicht genügend um sie gekümmert.

Sie führen ihr Unglücklichsein darauf zurück, daß sie ein Einzelkind sind, daß sie das Jüngste von 12 Kindern sind oder überhaupt keine richtigen Eltern hatten, da sie im Heim aufgewachsen sind.
Wenn wir diese und viele andere Entschuldigungen gebrauchen, dann fühlen wir uns unserer Vergangenheit hilflos ausgeliefert. Wir glauben dann, daß wir unserer Vergangenheit nicht entrinnen können und deshalb dazu verurteilt sind, ein unglückliches Leben zu führen.
Dies stimmt jedoch nicht. Wir sind nicht hilflos an unsere Vergangenheit gekettet. Wenn wir auch unsere Vergangenheit und damit ihre Auswirkungen auf unser heutiges Leben nicht ungeschehen machen können, so können wir dennoch damit beginnen, unserem zukünftigen Leben eine neue Richtung zu geben. Voraussetzung hierfür ist jedoch, daß wir die Verantwortung für unser Leben und unsere Probleme übernehmen.
Verantwortung zu übernehmen, bedeutet, daß wir das Beste aus dem machen, was wir mitbekommen haben. Als Erwachsene haben wir die verantwortungsvolle Aufgabe, die Erziehungsfehler und Irrtümer unserer Eltern wieder auszumerzen. Wir müssen quasi von neuem eine Erziehung durchlaufen, die wir dieses Mal aber selbst in die Hand nehmen. Durch diese Selbsterziehung können wir auch die schlechteste Erziehung wieder ausgleichen. Als Erwachsene können wir lernen, negative Einstellungen, durch die wir uns das Leben unnötig schwer machen, durch eher positive und zuversichtliche Einstellungen zu ersetzen.

Wenn Du Unglück leidest,
klage nicht den Himmel an,
sondern beuge Dein Haupt und setze Dich mit
Deiner Seele auseinander.

Arabische Weisheit

Es zählt nicht so sehr, was wir mitbekommen haben. Vielmehr zählt, was wir mit dem anfangen, was wir mitbekommen haben. Jeder von uns hat aufgrund seiner Erziehung und seiner Veranlagung eine bestimmte Anzahl von Spielkarten mitbekommen. Der eine Mensch hat sehr gute Karten mitbekommen, der andere eher schlechte. Es liegt nun bei uns, wie wir mit diesen Karten spielen. Wir können manch schlechte Karte, wie etwa eine negative und pessimistische Einstellung wieder ablegen und uns dafür eine bessere Karte nehmen. Mit manchen schlechten Karten, wie etwa einer angeborenen Behinderung oder einer körperlichen Beeinträchtigung, müssen wir leben. Doch wir entscheiden, was wir mit diesen schlechten Karten anfangen, und ob wir sie klug oder unbedacht spielen.
Gute Karten sind keine Garantie für ein befriedigendes und glückliches Leben. Ein schlechter Spieler kann auch mit guten Karten so unbedacht spielen, daß er verliert. Umgekehrt kann ein geschickter Spieler so spielen, daß er auch mit einem schlechten Blatt gewinnt.

In meiner Praxis lerne ich immer wieder Menschen kennen, die von zu Hause aus, sehr gute Karten mitbekommen haben. Sie sehen gut aus, erfreuen sich bester Gesundheit, sind nicht unvermögend. Dennoch sind sie unglücklich. Und dann lerne ich wieder Menschen kennen, die sehr schlechte Karten haben und dennoch sehr zufrieden sind. Es sind Menschen, die auf die eine oder andere Weise körperlich behindert sind, gerade das Nötigste zu leben haben oder ein schweres Schicksal erlitten haben.

Gute Karten sind keine Garantie für ein zufriedenes Leben. Es gibt sehr arme Menschen, die aber reich an Freude sind. Und dann gibt es reiche Menschen, die sehr unglücklich sind. Es gibt Menschen, die ohne Partner ein erfülltes Leben führen, und es gibt Menschen, die sich trotz eines Partners sehr einsam fühlen.

Nein, es sind nicht die Umstände oder unsere Vergangenheit, die über Glück oder Unglück entscheiden. Es ist unsere Einstellung, durch die wir darüber entscheiden, ob wir zu den „reichen" oder „armen" Menschen gehören.

Wenn wir jedoch anderen, unserer Vergangenheit oder den Umständen die Schuld für unsere Lage geben, dann machen wir uns zum Opfer anderer Menschen oder der Umstände. Je mehr wir aber anderen oder den Umständen die Schuld für unser Unglücklichsein geben, umso weniger können wir unser Leben meistern. Umso mehr machen wir uns zum Spielball anderer Menschen und der Umstände.

Vor vielen Jahren hat man einmal eine Untersuchung an eineiigen Zwillingen gemacht. Der Vater des einen Zwillingspaares war ein Alkoholiker. Zwanzig Jahre später suchte man die beiden Zwillinge wieder auf.

Während der eine wie sein Vater ein Alkoholiker geworden war, hatte es der andere zu einer angesehenen Position in einer großen Firma gebracht.

Man stellte beiden ein und dieselbe Frage: „Wie erklären Sie sich, daß Sie zu dem geworden sind, was Sie heute sind?" Beide antworteten darauf ein und dasselbe: „Was kann man anderes erwarten bei einem Vater wie dem meinem"?

Während der eine seinen Vater als Entschuldigung für sein Versagen heranzog, war für den anderen der Vater ein Ansporn, etwas aus sich und seinem Leben zu machen. Während der eine seinen schlechten Karten die Schuld für sein Versagen gab, sie als Entschuldigung für sein schlechtes Spiel anführte, nahm der andere seine ebenfalls schlechten Karten und machte daraus das Beste.

Uns allen geht es ähnlich. Gleichgültig, wie gut oder schlecht die Karten sein mögen, die wir in unseren Händen halten, es liegt an uns, wie wir mit ihnen spielen.

Was es heißt, Verantwortung zu übernehmen

1. Verantwortung für sein Leben zu übernehmen, bedeutet, daß wir aufhören, anderen, den Umständen oder unserer Vergangenheit die Schuld für unsere Probleme zu geben. Es bedeutet, daß wir nicht unserem Partner, den Kindern, den Nachbarn, unserem Chef oder unseren Kollegen die Schuld geben, wenn wir gereizt, nervös oder unglücklich sind.
Es sind unsere negativen Denk- und Lebensweisen, mit denen wir uns selbst all das antun. Nur wir können deshalb etwas an unserem Unglücklichsein ändern. Solange wir jedoch andere für unsere Probleme verantwortlich machen, sehen wir auch keine Möglichkeit, etwas dazu beizutragen, daß sich unsere Lage ändert.

2. Viele Menschen getrauen sich aufgrund von Unsicherheiten, Ängsten und Hemmungen nicht, ihre Wünsche und Bedürfnisse anderen mitzuteilen, geschweige denn, diese durchzusetzen.
Sie erwarten von ihren Mitmenschen, dem Partner, dem Freund oder Arbeitskollegen, daß diese ihnen ihre Wünsche von den Augen ablesen und erfüllen. Tun die anderen dies nicht, dann hält man diese für rücksichtslos und egoistisch.

Petra würde gerne eine Veranstaltung besuchen. Sie sagt zu ihrem Mann Gunter: „Hast Du schon gehört, daß bei uns im Theater die Veranstaltung xy läuft?". Gunter sagt: „Ja, habe ich gehört". Für ihn ist damit der Fall erledigt. Er ahnt nicht, daß hinter der Frage seiner Frau die Aufforderung an ihn steckt, er möge doch gefälligst seine Frau auffordern, mit ihm diese Veranstaltung zu besuchen.
Wenn Petra die Verantwortung für sich übernehmen würde, dann würde sie ganz klar ihrem Mann sagen, was sie möchte. Würde diesen die Veranstaltung nicht

interessieren, dann hieße das auch, daß sie alleine dorthin geht. Petra hat für sich und die Erfüllung ihrer Bedürfnisse und Wünsche die alleinige Verantwortung.

3. Verantwortung zu übernehmen, bedeutet auch, Entscheidungen zu treffen und bereit zu sein, die Konsequenzen, die sich daraus ergeben, zu tragen.
Wenn Irene ihren Mann Peter frägt: „Was willst du heute abend machen?", dann sagt Peter stets „Ist mir egal. Entscheide Du".
Peter sagt nie klar, was er möchte. Er hat Angst, sein Vorschlag könnte sich als Reinfall erweisen, und Irene würde ihm dann vorwerfen, er sei schuld, daß der ganze Abend nun verpfuscht sei. Da Peter sich nicht getraut zu sagen, was er möchte, passiert es natürlich häufig, daß Irene etwas vorschlägt, worauf er absolut keine Lust hat. Mißmutig und widerwillig macht er jedoch mit, da er sich nicht getraut, zu sagen: „Dazu habe ich keine Lust". Dann könnte es ihm nämlich blühen, daß seine Frau ihn auffordert, er möge dann doch sagen, wozu er Lust habe.

4. Viele Menschen gebrauchen eine Notlüge und tausend Ausflüchte, wenn es darum geht, anderen etwas abzuschlagen, wozu sie keine Lust haben. Sie sagen: „Tut mir schrecklich leid. Ich habe keine Zeit. Ich habe schon etwas anderes vor, das ich nicht mehr absagen kann. Meine Frau hat furchtbare Migräne. Unser Sohn ist krank. Wir können ihn nicht alleine lassen".
Sie sagen nicht die Wahrheit „Ich habe keine Lust. Mir ist nicht danach". Sie befürchten, der andere würde es ihnen übel nehmen, wenn sie die Wahrheit sagen. Ver-

Schaue auf Dich selbst,
nicht aber auf die Sonne,
wenn Dein Garten nicht blüht.

Chinesische Weisheit

antwortung für sich zu übernehmen, bedeutet auch, von seinem Recht Gebrauch zu machen, keine Lust zu haben.

5. Viele Menschen haben Schwierigkeiten, sich zu entscheiden. Tage, Wochen, ja Monate lang überlegen sie, welches wohl die richtige Entscheidung sei. Aus Angst, die falsche Entscheidung zu treffen, treffen sie oftmals gar keine Entscheidung und das stellt sich dann oft als der größte Fehler heraus. Sie zögern die Entscheidung so lange hinaus, bis sich die Sache entweder von selbst erledigt oder bis andere ihnen die Entscheidung abnehmen. Diese Menschen möchten nicht die Verantwortung für eine falsche Entscheidung übernehmen. Sie haben an sich den Anspruch, immer nur richtige Entscheidungen treffen zu dürfen. Sie verlangen von sich, perfekt sein zu müssen. Keine Entscheidung zu treffen, ist auch eine Entscheidung, die meist negative Konsequenzen hat.

6. Eine häufig unter Menschen anzutreffende Unsitte ist es, statt „ich" die Worte „man" oder „wir" zu verwenden. Verantwortung zu übernehmen, heißt auch, sich nicht durch Worte wie „wir" oder „man" hinter anderen zu verstecken oder den Eindruck zu erwecken, andere würden auch so denken und handeln.

7. Schließlich bedeutet Verantwortung zu übernehmen, für Fehler geradezustehen und nicht anderen oder den Umständen die Schuld dafür zu geben. Wenn man morgens verschlafen hat und deshalb zu spät ins Büro kommt, dann entschuldigen viele ihr Zu-spät-Kommen damit, daß ihr Wagen nicht angesprungen ist oder unterwegs ein Stau war. Sie getrauen sich nicht, die Wahrheit zu sagen.

8. Zum richtigen Umgang mit der Verantwortung gehört es auch, daß man nicht für die Gefühle anderer die Verantwortung übernimmt. Jeder macht sich seine Gefühle selbst. Wir können einem anderen keine Angst

machen. Wenn dieser Angst verspürt, dann deshalb, weil er sich ängstliche Gedanken macht. Wir können andere nicht verletzen oder traurig machen. Wenn ein anderer traurig ist, dann muß er sich traurige und trübe Gedanken machen.

Das heißt nun natürlich nicht, daß wir einen Freibrief für unser Verhalten haben, daß wir anderen gegegüber rücksichtslos sein können. Daß jeder Mensch für seine Gefühle selbst verantwortlich ist, entbindet uns nicht von der Verantwortung für ein menschliches Miteinander. Wenn sich jemand über uns ärgert, wenn wir zu spät zu einem Treffen kommen, dann haben wir zwar die Verantwortung für unser Zu-spät-Kommen, aber es liegt beim anderen, ob er sich darüber ärgert oder nicht. Ob der andere auf die Palme klettert, bestimmt er alleine. Wir haben ihm lediglich die Palme hingestellt. Er hat jedoch die Entscheidung darüber, ob er unten bleibt oder hochklettert.

Wenn wir die Verantwortung für unser Denken, Fühlen und Handeln übernehmen, dann hat das auch eine Reihe nicht zu unterschätzender Vorteile.

Vorteil Nr. 1 ist, daß mein Wohlbefinden nicht von anderen Menschen und deren Willkür abhängt. Wie ich mich fühle, hängt nicht davon ab, wie sich andere mir gegenüber verhalten. Da ich weiß, daß ich es bin, der durch seine Einstellungen darüber entscheidet, wie ich mich fühle, habe ich die Möglichkeit, meine Einstellung so zu wählen, daß es mir „trotzdem" gut geht. Ich fühle mich dann als Kapitän meiner Gefühle und das verleiht mir ein wohltuendes Gefühl der Macht und Sicherheit. Ich weiß, es mag kommen, was wolle, ich bin gewappnet. Ich bin nicht der Spielball anderer Menschen und meine Gefühle können nicht mit mir machen, was sie wollen. Andere können nicht auf meinen Gefühlen herumtrampeln, da ich bestimme, wie ich mich fühle.

Vorteil Nr. 2 ist, daß ich in meinem Handeln nicht von anderen und deren Zustimmung abhängig bin. Ich kann mir mein Leben so einrichten, wie ich möchte. Ich bin dann kein Blatt, das vom Wind mal dahin und mal dorthin getrieben wird. Ich fühle mich als der Steuermann meines Lebens. Das heißt nicht, daß ich gegenüber meinen Mitmenschen rücksichtslos bin. Nein, es bedeutet lediglich, daß ich keine falschen Hemmungen habe, das zu tun, was ich für richtig halte, auch wenn andere mein Verhalten kritisieren. Ich mache mich dann nicht von anderen in meinen Entscheidungen abhängig und verlasse mich mehr auf mich.

Diese beiden Vorteile führen direkt zu Vorteil 3. Ich habe Alternativen. Ich bin nicht darauf angewiesen, daß sich etwas so entwickelt, wie ich mir das gedacht habe. Wenn ich feststelle, daß etwas nicht so läuft, wie ich mir das wünsche, dann kann ich mir neue Wege und Möglichkeiten überlegen, um an mein Ziel zu kommen. Ich fühle mich dann nämlich nicht als das Opfer anderer Menschen oder Umstände. Ich habe das Vertrauen in mich, daß ich schon einen Weg finden werde, der an dem Hindernis vorbei an mein Ziel führt. Ich kann mich, falls notwendig, durchsetzen. Ich resigniere nicht gleich, nur weil etwas nicht auf Anhieb gelingt.

Einige Anregungen

1. Wodurch fühlen Sie sich in Ihrem Leben behindert und eingeschränkt? Welche persönlichen Schwächen (mangelnde Intelligenz, schlechte körperliche Verfassung, usw.) halten Sie für die Ursache Ihres Unglücklichseins? Welche äußeren Umstände machen Sie dafür verantwortlich, daß Sie nun mal so sind und sich nicht ändern können?

   Glauben Sie, daß es Ihnen an Willenskraft, Intelligenz, Durchhaltevermögen oder Kontaktfähigkeit mangelt und Sie deshalb dazu verdammt sind, so bleiben zu müssen, wie Sie sind?

Notieren Sie jetzt gleich, wem oder was Sie die Schuld für Ihr Unglücklichsein geben. Schreiben Sie diese vermeintlichen Übeltäter auf ein Blatt Papier.

Nun nehmen Sie sich jeden einzelnen dieser Übeltäter vor und fragen sich: „Hat er tatsächlich die Macht, mir mein Leben zu vermiesen?"

Wenn Sie diese Frage ehrlich und objektiv beantworten, dann werden Sie feststellen, daß 99% aller Übeltäter keine Macht über Ihr Leben haben. Sie haben ihnen bisher lediglich die Macht gegeben, indem Sie für Ihr Leben nicht die Verantwortung übernommen haben.

2. Machen Sie die folgenden Gedanken zu Ihrem täglichen Leitspruch:

   „Ab heute entscheide ich mich dafür, mich in meinem Leben nicht mehr von der Vergangenheit oder den Umständen dirigieren zu lassen. Ich habe die Kraft und die Fähigkeit, mein Leben heute und in Zukunft so zu gestalten, wie ich es möchte. Ich werde aus dem, was ich mitbekommen habe, das Beste machen.

   Heute ist der erste Tag eines neuen Lebens. Ich werde diesen Tag so befriedigend und positiv für mich gestalten, wie nur möglich. Ich bin keine Marionette anderer Menschen oder meiner Vergangenheit. Ich kann mich ändern, wenn ich will. Ich kann meinem Leben die Richtung geben, die ich möchte. Ich bin der Steuermann meines Lebens. Ich bin selbst für meine Zufriedenheit verantwortlich. Ab heute stehe ich am Ruder meines Lebens".

3

Einstellungen
sind die
Baumeister
Deines
Schicksals.

Als ich vor einigen Jahren für längere Zeit in den USA war, hörte ich eine Geschichte, die auf mich einen großen Eindruck machte. Sie war für mich der Anstoß, meinem Leben eine neue, mehr positivere Richtung zu geben.

Sie handelt von einem alten Indianer, auf dessen Grund und Boden man Öl gefunden hatte. Über Nacht war dieser Indianer ein reicher Mann geworden. Als Zeichen seines Reichtums kaufte er sich einen großen amerikanischen Wagen, eines jener benzinfressenden Ungeheuer, bei denen man Hauptaktionär bei Esso oder Shell sein muß, um den Durst des Wagens zu stillen. Mit diesem Auto fuhr er täglich in seinem Ort auf und ab. Er unterhielt sich mit den Menschen und genoß sein Ansehen. Dabei kam nie jemand zu Schaden. Diese Tatsache war wohl auch dem Umstand zu verdanken, daß direkt vor seinem Wagen 2 Pferde liefen, die den Wagen zogen. Sein Wagen war vollkommen in Ordnung. Über 100 Pferdestärken warteten darauf loszulegen. Der alte Indianer nutzte jedoch nur ganze 2. Er hatte nicht gelernt, den Wagen zu starten. Er hatte nicht gelernt, den Schlüssel zu benutzen. Die Kräfte waren da, aber er wußte nicht, wie er sie nutzen sollte.

Ich glaube, uns Menschen geht es ähnlich wie diesem Indianer. Auch wir nutzen nicht all die Fähigkeiten und Kräfte, die in uns stecken. Wir alle machen wie dieser Indianer keinen Gebrauch von einem Schlüssel, den wir alle in unseren Händen halten: unseren Einstellungen.

Unsere Einstellungen sind der Schlüssel zu einem Leben mit mehr Lebensfreude, Tatkraft und Gesundheit. Sie entscheiden darüber, ob das Leben, das wir führen, befriedigend oder unbefriedigend, spannend oder langweilig, erfüllt oder unerfüllt ist.

Unsere Einstellungen bestimmen, ob die Erfahrungen, die wir machen, eher positiv oder negativ sind. Ja, un-

sere Einstellungen entscheiden sogar zu einem großen Teil darüber, ob wir gesund bleiben oder krank werden.
Zu Recht sagte deshalb William James, ein Psychologe an der Harvard Universität, einmal: „Die größte Entdeckung unseres Jahrhunderts ist, daß Menschen ihr Leben verändern können, wenn sie ihre Einstellungen ändern". Wir alle besitzen diese Fähigkeit, einmal erworbene negative und schädliche Einstellungen durch eher positive oder hilfreiche Einstellungen zu ersetzen. Wir alle können unserem Leben eine positive Wendung geben, wenn wir unser Denken ändern.

Wo aber sind die Schulen, die uns das lehren? Wir lernen, wie man Wissen ansammelt und auf Kommando wiedergibt. Wir lernen komplizierte mathematische Formeln und physikalische Gesetzmäßigkeiten. Wo aber lernen wir die Gesetzmäßigkeiten des menschlichen Lebens? Welche Schule lehrt uns, wie wir uns entfalten und ein zufriedenes und erfülltes Leben führen können? Diese Schule gibt es nicht.

Wir erfahren als Kinder in der Schule so viel. Nur über das Leben und wie man es sich so einrichten kann, daß man sich darin wohlfühlt, darüber erfahren wir nichts. Das, so erwartet man von uns, müßten wir schon alleine herausfinden.

In meiner Schule stand in großen Buchstaben über dem Eingang der Satz: Non scholae, sed vitae. Nicht für die Schule, sondern für das Leben lernen wir.
Warum aber, so frage ich mich heute, nehmen sich jedes Jahr mehr als 10.000 Menschen das Leben, sind Millionen Menschen unglücklich oder nehmen Drogen, wenn sie in der Schule für ihr Leben gelernt haben? Was hat es genutzt, daß diese Menschen Schreiben und Lesen gelernt haben? Was hat es diesen Menschen genutzt, daß sie rechnen und fremde Sprachen lernten, wenn sie nicht gelernt haben zu leben?

Das Wissen darum, wie man ein zufriedenes und erfülltes Leben führen kann, ist zumindest ebenso wichtig wie das 1 x 1 oder die Rechtschreibung.
All unser Wissen und all unsere Fähigkeiten sind nutzlos, wenn es uns schlecht geht. Um unser Wissen einsetzen und unsere Fähigkeiten voll entfalten zu können, ist Voraussetzung, daß es uns gut geht. Wenn es uns schlecht geht, dann können wir uns nicht auf unsere Arbeit konzentrieren und unsere Fähigkeiten entfalten.

Ich würde mir deshalb wünschen, daß es an jeder Schule auf dieser Welt ein Unterrichtsfach gibt, in dem junge Menschen lernen können, wie sie ihr Leben so befriedigend und positiv gestalten können, wie es nur möglich ist. Ein positives und erfülltes Leben führen zu können, will nämlich ebenso gelernt sein wie das 1 x 1 oder eine Fremdsprache.

Tag für Tag machen wir Erfahrungen wie die folgenden: Die Marktfrau packt uns schlechtes Obst ein. Ein Handwerker leistet schlechte Arbeit. Unser Partner wirft uns vor, wir würden nur an uns denken. Ein Ober im Lokal ist unfreundlich und schroff zu uns. Ein Autofahrer nimmt uns die Vorfahrt. Ein Kollege wird befördert, obwohl wir an der Reihe wären.
Je mehr wir solch negative Erfahrungen machen, umso mehr können wir zu der Einstellung gelangen, daß das Leben ein Kampf ist, daß alle Menschen schlecht sind und man sich vor ihnen in acht nehmen muß.

Am schlimmsten für uns ist jedoch, wenn wir keine Möglichkeiten sehen, diesen negativen Erfahrungen zu entgehen, wenn wir uns außerstande sehen, etwas an unserem Schicksal zu ändern. Wir fühlen uns dann den Menschen und Umständen hilflos ausgeliefert.

Glücklich ist, wer sich dafür hält.

Nun gibt es aber Menschen, die in Situationen, in denen wir außer uns geraten oder deprimiert sind, ruhig bleiben. Es läßt sie kalt, wenn ein anderer schroff zu ihnen ist. Sie verfallen nicht in Depressionen, wenn sie auf Ablehnung stoßen. Sie treten sicher auf und können sich durchsetzen. Andere getrauen sich nicht, ihnen auf der Nase herumzutanzen.

Wir alle können zu diesen beneidenswerten Menschen gehören, wenn wir von unserer Fähigkeit Gebrauch machen, unsere Einstellungen zu wählen. Lebensfreude und innere Zufriedenheit sind nicht nur wenigen auserwählten Menschen vorbehalten.

Menschen, die ein zufriedenes und befriedigendes Leben führen, haben auch ihre Probleme. Sie gehen mit ihnen jedoch anders um als Menschen, deren Leben unbefriedigend ist. Menschen, die ein erfülltes Leben führen, haben eine Einstellung, die ihnen erlaubt, ihr Leben trotz der Probleme befriedigend und positiv zu gestalten.

Sie und ich, alle Menschen, besitzen eine Freiheit, von der wir viel zu selten Gebrauch machen. Diese Freiheit steht nicht im Grundgesetz geschrieben, aber sie ist doch für jeden von uns da. Jeder, ob alt oder jung, arm oder reich, schwarz oder weiß, kann von dieser Freiheit Gebrauch machen. Es ist eine Freiheit, die uns niemand wegnehmen oder beschneiden kann. Ja selbst wenn wir in Ketten gefangen sind, haben wir immer noch diese Freiheit.

Wissen Sie, welche Freiheit ich meine? Es ist die Freiheit, sich zu entscheiden. Wir haben die Wahl, wie wir auf die Menschen und Umstände reagieren. Wir haben diese Freiheit, da wir unsere Gedanken wählen können. Da wir durch die Wahl unserer Gedanken bestimmen, wie wir uns fühlen, haben wir auch die Wahl, wie wir auf einen Menschen oder die Umstände reagieren.

Wenn ich die Einstellung habe, „Man kann keinem Menschen trauen. Alle wollen einen nur ausnutzen", dann werde ich jedem Menschen mit Mißtrauen begegnen. Ich werde hinter seinen Worten und seinem Verhalten nur Schlechtes vermuten. Ich verschließe mich und bin reserviert. Der andere wird meine Ablehnung spüren oder mein abweisendes Verhalten als Desinteresse an seiner Person interpretieren. Er wird sich daraufhin auch zurückziehen und ich stehe wieder alleine da. Dann sehe ich meine Einstellung bestätigt, daß dem anderen ja wirklich nichts an meiner Person gelegen ist.

Was man vorhersieht, wird im guten wie im schlechten früher oder später auch eintreten. Gedanken sind gestalterische Kräfte. Ihr Inhalt wird in unserem Leben zur Wirklichkeit. Unser Leben ist das Ergebnis unserer Gedanken. Durch die Richtung unserer Gedanken bestimmen wir den Ablauf unseres Lebens. Unsere geistige Haltung bestimmt unsere äußeren Verhältnisse.

Deshalb ist es von enormer Bedeutung, daß wir pessimistische und negative Gedanken von uns fern halten. Deshalb ist es so wichtig, daß wir uns, wie ein Bildhauer, für unser Lebenswerk als den Urheber ansehen. Dies ist der Schlüssel für ein erfülltes und positives Leben. Erst wenn wir uns als Dirigent unseres Lebens ansehen, können wir verstehen, daß wir nur durch eine innere Wandlung auch unser Leben zum Positiven wenden können. Wir alle haben in uns die Fähigkeit, Glück zu empfinden und unserem Leben die Richtung

---

Daß die Vögel der Sorge und des Kummers
über Deinem Haupte fliegen,
kannst Du nicht ändern.
Aber daß sie Nester in Deinen Haaren bauen,
kannst Du verhindern.

Chinesische Weisheit

---

zu geben, die wir uns wünschen. Wir alle tragen in uns den Samen für ein positives Leben.

Durch unsere Einstellungen bestimmen wir also, ob unsere Erfahrungen mit unseren Mitmenschen gut oder schlecht sind. Wir schaffen die Realität zuerst in unserem Kopf und dann in der Wirklichkeit. Man nennt das selbsterfüllende Prophezeiung.

Unsere Einstellungen bestimmen aber auch, wie wir die Wirklichkeit empfinden. Ein Pessimist sagt beim Anblick einer halben Flasche Wein „Die Flasche ist schon halb leer". Ein Optimist dagegen sieht vor sich eine halbvolle Flasche. Der Pessimist ist dann traurig, während der Optimist guter Dinge ist.

„Ob halbvoll oder halbleer, das ist doch nur eine Wortspielerei", werden Sie nun vielleicht denken. Ist es aber nicht. Jedes Wort hat für uns eine Bedeutung. Diese Bedeutung bestimmt unser Fühlen und Handeln. Was fällt Ihnen z. B. bei dem Wort Sex ein? Verspüren Sie ein gutes Gefühl, kommen Ihnen angenehme Phantasien? Oder ist Ihnen unwohl zumute. Sind Sie angespannt und nervös? Oder wie steht es, wenn Sie die Worte Spinne oder Schlange hören? Läuft es Ihnen eiskalt über den Rücken, ekeln Sie sich? Oder bleiben Sie ganz ruhig?

Jedes Wort hat für uns eine positive, negative oder neutrale Bedeutung. Diese Bedeutung ist von Mensch zu Mensch verschieden, je nachdem, ob die Erfahrungen, die er mit dieser Sache gemacht hat, eher positiv oder negativ waren.

Bei positiver Bedeutung verspüren wir angenehme und wohltuende Gefühle. Unser Körper ist entspannt und gelöst. Bei negativer Bedeutung verspüren wir unangenehme bis extrem negative Gefühle und unser Körper reagiert mit Anspannung, Aufregung und Verengung der Blutgefäße.

Es ist nicht gleichgültig, welche Worte wir gebrauchen. Jeder Gedanke bewirkt etwas in uns. Deshalb ist es sehr wichtig, daß wir unseren Gedanken nicht so gedankenlos gegenüberstehen. Gedanken sind Kräfte, mit denen wir auf uns einen enormen Einfluß ausüben. Gedanken schaffen Realitäten und sie beeinflussen unsere Wahrnehmung.
Wenn ich beispielsweise Angst vor Einbrechern habe, dann werde ich bei jedem „verdächtigen" Geräusch wie dem Auf- und Zugehen eines Fensters sofort zusammenzucken, da ich einen Einbrecher vermute. Aufgrund meiner ängstlichen Einstellung interpretiere ich ganz harmlose Geräusche als gefährlich. Meine Einstellung beeinflußt also meine Wahrnehmung der Realität.
Was wir durch unsere Augen sehen und durch unsere Ohren hören, interpretieren wir aufgrund unserer Einstellungen und Erfahrungen. Was wir für die Realität halten, ist in Wirklichkeit oft nichts anderes als unsere ganz subjektiv gefärbte Wahrnehmung.

Unseren Augen und Ohren ist quasi ein Filter vorgeschaltet, der die Wirklichkeit verzerrt. So kommt es, daß wir aus den Worten eines anderen Dinge heraushören, die der gar nicht sagte. Wir empfinden seine Worte als Kritik, obwohl er nur eine Feststellung getroffen hat.
Vielleicht haben Sie einem anderen schon einmal vorgeworfen, er mache aus einer Mücke einen Elefanten. Oder vielleicht hat Ihnen schon jemand gesagt, Sie würden alles immer in den falschen Hals bekommen. Für uns stellte sich also eine Situation völlig anders dar

Der Geist entscheidet.
Was Du denkst, das wirst Du.
Buddha

als für den anderen. Dies ist nur möglich, da jeder Mensch seine Wahrnehmung einer ganz subjektiven Bewertung unterzieht.

Wir alle reden in Gedanken mit uns. Wir führen Selbstgespräche. Was wir zu uns sagen, bestimmt, ob wir zufrieden oder unzufrieden, glücklich oder unglücklich, angespannt oder entspannt sind.
Wenn wir uns ängstliche Gedanken machen, dann verspüren wir Angst. Wenn wir uns ärgerliche Gedanken machen, dann verspüren wir Ärger. Wenn wir uns liebevolle Gedanken machen, dann verspüren wir ein liebevolles und gutes Gefühl. Wenn wir uns hoffnungsvolle und zuversichtliche Gedanken machen, dann sind wir zuversichtlich gestimmt.
Wenn Sie mehr über den Zusammenhang zwischen unserem Denken und Fühlen erfahren möchten, dann empfehle ich Ihnen das Buch „Gefühle verstehen, Probleme bewältigen", das ich zusammen mit meiner Partnerin Frau Wolf geschrieben habe.

Unsere Selbstgespräche bestimmen, welche Entscheidungen wir treffen, ob wir erfolgreich oder erfolglos sind. Sie bestimmen, ob die Erfahrungen mit anderen Menschen eher positiv oder negativ sind. Sie bestimmen, ob wir unser Leben meistern oder an ihm zerbrechen.

Sie kennen vielleicht das alte Sprichwort: „Stock und Stein bricht mir das Bein, doch Worte bringen niemals Pein". Die Worte anderer können uns nicht verletzen. Wenn wir verletzt oder gekränkt sind, dann weil wir in unserem Innern verwundbar sind. Der Grund für unser Verletztsein liegt also in uns und nicht beim anderen.

Wenn Sie eine Zitrone nehmen, diese halbieren und dann auspressen, was kommt heraus? Nun, Sie erhalten Zitronensaft. Und warum erhalten Sie Zitronensaft? Weil eine Zitrone Zitronensaft enthält. Es spielt keine Rolle, wer eine Zitrone auspreßt, wann er es tut oder wie er es tut. Immer ist das Ergebnis dasselbe: Zitronensaft. Es kann nichts anderes aus einer Zitrone herauskommen, als sie enthält.

Auch aus einem Menschen kann nur das herauskommen, was in ihm steckt. Ist ein Mensch voller Ärger und Unzufriedenheit, dann können auch nur diese negativen Gefühle herauskommen, wenn man ihn „preßt". Ist ein Mensch voller Liebe und Harmonie, dann reagiert er auch mit Liebe, gleichgültig wie sich seine Mitmenschen ihm gegenüber verhalten. So wie aus einer Zitrone kein süßer Traubensaft herauskommen kann, so kann aus einem negativ denkenden Menschen kein positives Verhalten entspringen.

Wenn wir erkennen und akzeptieren, daß es unser Denken ist, das über unser seelisches Wohlbefinden entscheidet, dann haben wir den ersten Schritt getan, um mehr Lebensfreude und Zufriedenheit in unser Leben zu bringen.
Es sind unsere negativen Einstellungen gegenüber dem, was passiert, die uns lähmen und daran hindern. das Leben zu führen, das wir führen wollen. Es sind nicht die andern oder die Umstände, die für unser Unglücklichsein verantwortlich sind. Machen Sie von den Fähigkeiten Gebrauch, die in Ihnen stecken. Nutzen Sie die Kräfte Ihrer positiven Einstellungen.

Das vielleicht wichtigste, was ich Ihnen in diesem Buch vermitteln kann, ist dies:
Wir können nicht immer bestimmen, was andere tun oder sagen. Wir können nicht verhindern, daß andere

---

Achte auf Deine Gedanken.
Sie sind der Anfang Deiner Taten.

Chinesische Weisheit

---

schlecht von uns denken. Wir können nicht vermeiden, daß andere Menschen versuchen, mit uns ein böses Spiel zu spielen.
Aber wir können immer darüber entscheiden, wie wir auf das, was andere tun oder sagen, reagieren. Das ist unsere Entscheidung. Es sind stets unsere Erwartungen und Einstellungen, mit denen wir uns glücklich oder unglücklich, zufrieden oder unzufrieden machen.
Der bekannte Analytiker Viktor Frankl sagt: „Wir, die wir in Konzentrationslagern waren, erinnern uns an Menschen, die ihr letztes Stück Brot mit anderen teilten. Es waren vielleicht wenige, die das taten, aber sie waren der Beweis dafür, daß man dem Menschen alles wegnehmen kann, bis auf das eine: die letzte aller menschlichen Freiheiten, die Freiheit, in jeder Situation seine Einstellung zu wählen".

Das Leben hat auch seine Schattenseiten. Aber dennoch haben wir die Freiheit, wie wir mit ihnen umgehen. Wir haben die Freiheit, uns darüber deprimiert zu machen oder sie anzunehmen und das Beste daraus zu machen. Es liegt an unserer Einstellung zu den Schattenseiten, ob wir an ihnen zerbrechen und unser Leben ruinieren oder ob wir sie überwinden.

Nimm es als Vergnügen, und es ist ein Vergnügen.
Nimm es als Qual, und es ist eine Qual.
Indische Weisheit

4

Verschiebe
Dein Leben
nicht
auf morgen.
Lebe heute!

Viele Menschen verbringen ihr ganzes Leben mit Gedanken an die Zukunft oder die Vergangenheit. Ein sehr beliebtes Spiel vieler Erwachsener ist das „Wenn..., dann ..Spiel". Das geht so:
Der kleine Junge in der Schule sagt zu sich: „Wenn ich erst mal groß bin und von dieser verfluchten Penne herunter bin, dann wird es mir gut gehen".
Etwas älter sagt der junge Mann zu sich: „Wenn ich erst einmal verheiratet bin, dann werde ich glücklich sein und dann werde ich dieses und jenes tun".
Dann sagt das junge Paar: „Wenn wir unser erstes Kind haben, dann werden wir glücklich sein und unser Leben wird schön". Dann sagt das Paar: „Wenn unsere Kinder erst mal aus der Schule sind und auf eigenen Beinen stehen, dann genießen wir unser Leben".
Dann stellt sich heraus: Die Ehe war nicht so gut und man sagt sich: „Wenn ich erst einmal aus dieser Beziehung raus bin, dann wird alles anders. Dann werde ich mein Leben genießen".
Dann sagt man: „Wenn ich erst mal befördert bin, alles, was ich noch will, ist diese eine Beförderung, dann werde ich zufrieden sein". Schließlich sagt man: „Wenn ich erst mal in Rente bin, dann werde ich mein Leben genießen. Dann werde ich all die Dinge nachholen, auf die ich bisher verzichtet habe".
Dann an einem regnerischen Tag auf dem Weg zum Grab stellt man fest:
„Mein Gott, ich habe vergessen, zu leben. Ich habe vergessen, mein Leben zu genießen und es wirklich zu leben, während es noch da war".

Wenn wir unser Leben aufschieben, dann ist es verloren. Das Wichtigste am Leben ist das Leben. Was für einen Sinn sonst hat das Leben? Der Sinn des Lebens ist nicht, nur zu arbeiten und irgendwelchen Äußerlichkeiten wie Geld, Prestige und Erfolg nachzujagen. Der Sinn des Lebens ist es, so sehe ich es, in jedem Augenblick so zufrieden zu leben wie möglich. Wenn wir es aufschieben, dann verschenken wir es.

Wenn wir nur in der Zukunft leben, dann können wir keine Befriedigung in unserem Leben erfahren. In dem Moment nämlich, in dem das eintritt, was wir uns so sehr gewünscht haben, kommt die große Enttäuschung. Das, von dem wir uns so viel erhofft haben, ist dann nicht so toll, wie wir es uns vorgestellt haben. Es gibt einem nicht die dauerhafte Befriedigung, die große Erfüllung. Man ist enttäuscht und das umso mehr, als man ja die ganze Zeit bis zur Erreichung seines Zieles nicht wirklich gelebt hat. Man hat vielleicht auf vieles verzichtet, hat eigene Bedürfnisse und Wünsche zurückgestellt.
Und wie geht man mit der Enttäuschung um? Man ist deprimiert und dann fängt man von neuem an, in der Zukunft zu leben und zu hoffen, daß alles anders werden wird, wenn dieses oder jenes eintritt. Viele Menschen verbringen ihr ganzes Leben damit, sich in diesem Kreis zu drehen.

Hinzukommt, daß wir oftmals nach vielen „wenns" und „danns" feststellen, daß wir im Grunde genommen früher glücklicher waren, als wir dieses oder jenes noch nicht hatten. Wir glauben auf einmal, glücklicher gewesen zu sein, als wir noch nicht verheiratet waren, als wir noch keine Kinder hatten, als wir noch nicht jenes tolle Haus gekauft hatten, als wir noch nicht in Rente waren, als wir beruflich noch nicht so erfolgreich waren, usw.
Erst können wir es nicht erwarten, daß der morgige Tag anbricht und uns das Ersehnte bringt, dann hängen wir auch schon wieder der Vergangenheit nach und stellen fest, daß sie im Grunde genommen doch nicht so schlecht war, wie wir damals dachten.

Wenn wir das Leben aufschieben oder Vergangenem nachtrauern, dann können wir nicht wirklich zufrieden sein. Glücklichkeit ist immer nur gegenwärtig. Für das Glück gibt es keinen morgigen und auch keinen gestrigen Tag, sondern nur den Augenblick. Goethe sagt: „Jeder Tag, jeder Augenblick ist von unendlichem Wert, denn er ist der Repräsentant der Ewigkeit".

Sein Leben so erfüllt und befriedigend wie möglich zu leben, bedeutet, jeden Tag so zu leben, als wäre er der letzte. Die Wahrheit ist nämlich: Wir alle haben nur diesen einen Tag. Die Vergangenheit, das Gestern, ist für jeden von uns vorbei. Die Zukunft, das Morgen, ist für jeden von uns nur ein Versprechen. Alles, was wir haben, ist das Heute, diesen Augenblick. Wenn wir diesen Tag verschenken, dann ist er verloren. Wir haben über den gestrigen Tag keine Macht mehr. Wir können nur heute die Auswirkungen des gestrigen Tages ändern und heute beginnen, unserem Leben eine neue positive Richtung zu geben. Diese Chance bietet sich uns in jedem Augenblick unseres Lebens.

Wenn wir unser Leben aufschieben, dann vergessen wir dabei, daß es vielleicht eines Tages zu spät ist. Der Tod ist ein sehr demokratisches Wesen. Er kommt zu uns allen, früher oder später.

Haben Sie sich schon einmal die Frage gestellt: „Was ist, wenn mein ganzes bisheriges Leben falsch verlaufen ist? Was, wenn all die Dinge, die ich immer für so wichtig gehalten habe, sich als unwichtig herausstellen?"

Die meisten Menschen, die schon einmal durch einen Herzinfarkt oder einen Verkehrsunfall in Lebensgefahr schwebten, sagen: „Diese Erfahrung hat mir die

---

Vergeude nie die Zeit.
Der heutige Tag verbürgt nicht den morgigen.

Chinesische Weisheit

---

wertvollste Lektion meines Lebens erteilt. Was war ich doch nur für ein Narr. Wie konnte ich nur so sorglos mit meinem Leben umgehen? Ich werde jeden neuen Tag als ein Geschenk nehmen und ihn so bewußt, so schön, so aufregend und so befriedigend gestalten, wie nur möglich". Es ist erstaunlich, wieviele Menschen einen Infarkt brauchen, um Mensch zu werden.
Das Traurige daran ist, daß es erst eines solchen Ereignisses bedarf, um so etwas Natürliches und Selbstverständliches zu tun, wie das Leben so zu leben, wie man möchte, ohne anderen darüber Rechenschaft abzulegen.

Christine ist 45 Jahre alt. Sie hat „im Grunde genommen" das, was sie wollte: einen treuen und zuverlässigen Partner, einen 19-jährigen Sohn, der ihr keine Schwierigkeiten macht, und einen Beruf, der ihr Spaß macht. Und dennoch ist sie unzufrieden. Sie sagt: „Ich habe das Gefühl, daß ich mein Leben sinnlos vertan habe. Ich komme mir vor, als würde ich am Rande des Lebens stehen. Mein Leben ist so festgefahren, so eingleisig. Ich kann im Grunde schon im voraus sagen, wie jeder Tag und jede Woche ablaufen. Immer wieder ein und dasselbe, jahraus, jahrein. Das Leben ist doch eigentlich ein bißchen mehr. Wenn ich hundertprozentig wüßte, daß ich bald sterben würde, dann würde ich anders leben. Dann würde ich reisen, dann würde ich tanzen gehen und mich amüsieren. Dann würde ich nicht mehr so viel Rücksicht auf andere Menschen nehmen. Dann würde ich leben, wie es mir gefällt".

Ist das nicht traurig? Warum erst warten, bis man den Tod vor Augen hat. Warum nicht schon heute, hier und jetzt das Leben genießen und davon soviel mitnehmen, wie nur möglich. Wir sind es doch, die wir uns in diesen Trott begeben. Wir sind es doch, die es zulassen, daß unser Leben eintönig und langweilig ist. Wir haben Tag für Tag die Wahl, wie wir uns unser Leben einrichten. Wir haben die Entscheidung darüber, mehr aus unserem Leben zu machen. Nehmen Sie sich eine Handvoll Leben, jeden Tag aufs neue.

Warum klammern sich soviele Menschen an das Leben und haben Angst, zu sterben? Elisabeth Kübler-Ross erklärt es damit, daß diese Menschen „unerledigte Geschäfte" haben. Damit meint sie, daß diese Menschen nicht wirklich gelebt haben. Sie haben ihr Leben stets aufgeschoben und haben nun im Angesicht ihres Todes das Gefühl, etwas versäumt zu haben.

Der Tod, die Endlichkeit unseres Lebens, kann für uns eine ungeheure positive Kraft sein. Durch ihn werden wir aufgefordert, nicht so verschwenderisch und gedankenlos mit unserem Leben umzugehen. Durch ihn sollen wir uns bewußt werden, daß die Zeit zum Leben jetzt ist. Morgen schon kann es dafür zu spät sein.

„Wir hätten letztes Jahr doch nach Griechenland fahren sollen. Nun liegt Peter im Krankenhaus und wir werden wohl nie mehr zusammen eine solche Reise machen können". „Ich hätte ihr sagen sollen, daß ich sie liebe, als sie noch unter uns war".
Wenn wir das Heute nur mit Plänen für das Morgen verbringen, dann kann das einen unwiderbringlichen Verlust zur Folge haben. Sagen Sie denen, die Sie lieben „ich liebe Dich". Rufen Sie Ihre Eltern an - und wenn es mitten in der Nacht ist „Hallo Mama. Ich wollte Dir nur sagen: Ich hab' Dich gern". Wenn wir Menschen wüßten, daß wir alle aufgrund einer Katastrophe sterben müssen, dann wären alle Telefonleitungen dieser Welt hoffnungslos überlastet. Jeder

Die meisten Menschen sterben,
ohne je gelebt zu haben.

Erich Fromm

würde dann noch einmal einem anderen sagen wollen „Ich mag Dich. Verzeih mir, daß ich Dir das die ganzen Jahre nicht gesagt habe".

Machen Sie deshalb jeden Tag zu einem Festtag. Ergreifen Sie das Leben, solange es für Sie da ist. Sagen Sie nicht „Morgen werde ich es mir gutgehen lassen", „Nächstes Jahr werde ich mehr das tun, wozu ich Lust habe".
Wenn es um Pflichten ging, dann sagte meine Mutter früher oft: „Was du heute kannst besorgen, das verschiebe nicht auf morgen". Wenden Sie diesen Satz nicht nur auf die Pflichten und Arbeiten in Ihrem Leben an. Richten Sie sich auch nach ihm, wenn es um die Verwirklichung Ihrer persönlichen Wünsche und Träume geht.
Leisten Sie sich jenes Paar Schuhe, das Sie sich so sehr wünschen. Gönnen Sie sich jenes Wochenende in den Bergen. Besuchen Sie den Bekannten oder Verwandten im Ausland, der Sie schon so oft eingeladen hat. Gehen Sie in jenes teure Restaurant, von dem alle sprechen.

Haben Sie bei sich zu Hause auch Besteck oder Geschirr, das Sie nur zu ganz besonderen Anlässen verwenden? Denken Sie, es sei zu schade, um es jeden Tag zu benutzen? Für wen wollen Sie es in gutem Zustand halten? Für Ihre Kinder? Ihre Kinder werden es nicht mögen. Sie haben einen anderen Geschmack. Sie mögen vielleicht etwas Modernes und nicht so etwas Altmodisches. Ihre Kinder werden es vielleicht herschenken oder gar wegwerfen. Gebrauchen Sie es jeden Tag. Machen Sie sich damit eine Freude. Machen Sie jede Mahlzeit zu einem Festessen.

Meine Mutter träumte von Kindesbeinen an davon, Japan, das Land des Lächelns zu besuchen. Sie fühlte sich mit diesem Land und den Menschen auf seltsame Weise verbunden. Zuerst hatten meine Eltern nicht das Geld, um sich eine so teure Reise leisten zu können. Dann kam ich auf die Welt und sie arbeiteten sehr hart, damit ich es einmal leichter haben würde. Dann bauten sie ein Haus und noch ein Haus und schließlich starb mein Vater ganz unerwartet. Heute, wo meine Mutter die Zeit und das Geld hätte, um sich ihren Traum zu erfüllen, fehlt es ihr an der nötigen Gesundheit.

Während ich diese Zeilen schreibe, spüre ich, wie Traurigkeit in mir aufsteigt. Es schmerzt mich, daß meine Eltern all das taten, was man eben so im Leben tut, und dabei ganz das Leben vergessen haben. Es schmerzt mich, daß diejenigen Menschen, die mir so teuer und lieb sind, so am Leben vorbeigelebt haben.

Aber diese Erfahrung hat für mich auch ein Gutes. Durch meine Eltern habe ich gelernt, es anders zu machen. Sie haben mir geholfen, mein Leben anders einzurichten. Sie ersparen mir, dieselbe Erfahrung zu machen, denn ich habe mir fest vorgenommen, wie Edith Piaf, am Ende meines Lebens sagen zu können: „Ich habe gelebt Mylord".

Die alten Ägypter glaubten, daß bei ihrem Tode ihnen der Gott Osiris 2 Fragen stellen würde: 1. Hast Du anderen Freude gebracht und 2. Hast Du Freude empfunden?

Von der Beantwortung dieser beiden Fragen hing es ab, ob man seine Reise nach dem Tod fortsetzen durfte. Um ewige Glückseligkeit zu erreichen, mußte man auf Erden Freude empfinden und geben.

Genauso unbefriedigend wie in der Zukunft zu leben, ist es, in der Vergangenheit zu leben, indem man nur an die guten alten Zeiten denkt: „Früher war doch alles

---

Der Zweck des Lebens ist das Leben selbst.

Goethe

---

besser und schöner. Weißt du noch ...?". Zu keiner Zeit hatten es die Menschen besser. Schon immer gab es Kriege, Katastrophen, Seuchen, Hungersnöte, wirtschaftliche und politische Krisen. Schon immer haben die Menschen persönliche Konflikte und Probleme gehabt. Es gibt keine gute alte Zeit. Sie ist eine Illusion.
Die Beschäftigung mit positiven Erinnerungen kann schön sein, aber sie verhindert auch, im Hier und Jetzt zu leben. Sie kann eine Art Flucht sein, um sich nicht dem Heute und der Verantwortung zu stellen.

Im Hier und Heute zu leben, heißt nicht, daß wir keine Ziele haben sollen, daß wir planlos durchs Leben gehen sollen. Im Gegenteil. Es ist sehr wichtig, zu wissen, wohin man im Leben will. Es ist sehr wichtig, sich Ziele zu setzen, zu wissen, das und das möchte ich im Leben erreichen und verwirklichen.
Sie fahren ja schließlich auch nicht in Urlaub, indem Sie Ihre Familie in den Wagen packen und dann fragen: „Na, wo solls denn diesmal hingehen?" Ihren Urlaub planen Sie in der Regel sehr sorgfältig. Sie überlegen sich schon Wochen und Monate vorher, wohin Sie fahren wollen.

Und wie steht es mit Ihrem Leben? Machen Sie sich darüber auch soviele Gedanken wie über Ihren Urlaub? Ein Leben ohne Ziel ist wie ein Schiff ohne Steuermann. Mal wird man dahin und mal dorthin getrieben und nur selten kommt man da an, wohin man möchte.
Ziele geben unserem Leben eine Richtung und helfen uns, das zu erreichen, was wir wollen und was uns wichtig ist.

Genauso wichtig ist es aber, den Weg zu seinem Ziel Tag für Tag zu genießen. Hat man stets nur sein Ziel vor Augen, dann verliert man das Leben aus den Augen. Das Wichtigste am Leben ist jedoch das Leben.

Wenn wir dem Weg zu unserem Ziel keine Beachtung schenken, dann ist das, wie wenn wir eine Urlaubsreise machen und dabei die Sehenswürdigkeiten auf dem Weg zu unserem Urlaubsort außer acht lassen.
Wenn wir nur essen, damit wir satt sind, und dabei dem, was wir essen, keine Beachtung schenken, dann entgehen uns viele Genüsse. Wenn wir uns dagegen auf die Speisen konzentrieren und sie zu schmecken versuchen, dann leben wir im Hier und Heute.

Schauen Sie einmal in Ihrem Leben nach. Haben Sie bisher Ihr Leben als eine Aneinanderreihung von Ankunftszielen angesehen? Schulabschluß, akademische Grade, Beförderung, Ehe, Geburt eines Kindes, Rente? Sind Sie auch von Haltestelle zu Haltestelle gefahren, ohne sich den Weg dahin anzuschauen und ihn zu genießen? Dann haben Sie in Ihrem Leben vieles versäumt. Dann haben Sie Ihr Leben wie in einem Flugzeug überflogen. Viele Kontinente und viel Sehens- und Erlebenswertes haben Sie dann versäumt.

Das Leben ist eine Aneinanderreihung von Augenblikken. Jeder Augenblick, den wir achtlos verstreichen lassen, ist verloren.

Wenn Sie einen kleinen Eindruck davon bekommen möchten, was es heißt, im Hier und Heute zu leben, dann beobachten Sie kleine Kinder. Kinder können sich für alles begeistern. Sie genießen, was immer sie tun, und sie sind voller Begeisterung und Hingabe dabei. Sie denken nicht an das Morgen oder das Gestern. Sie lähmen sich nicht durch negative Einstellungen und Erwartungen. Sie haben keine „wenns" und „abers", mit denen sie schon im vorhinein entscheiden, daß ih-

Wir können uns Ziele in der Zukunft setzen, aber leben können wir nur heute.

nen eine Sache keinen Spaß machen wird. Sie gehen auf andere Menschen offen und ohne Vorurteile zu und schließen schnell Freundschaft.

Haben Sie schon einmal beobachtet, wie schnell Kinder negative Gefühle wie Ärger oder Traurigkeit überwinden. Sie laufen nicht den ganzen Tag mit einer Wut im Bauch herum und lassen den Kopf hängen. Nach wenigen Sekunden oder Minuten haben sie den Vorfall vergessen und sind schon wieder mit Hingabe bei etwas anderem.

Ich genieße es, Kindern zuzusehen. Wir können so viel von ihnen lernen. Wenn der kleine Peter auf dem Spielplatz einen Jungen fragt: „Willst Du mit mir spielen?" und der andere sagt „nein", dann ist das für Peter keine Katastrophe. Er wird sich deshalb nicht das Leben nehmen. Er geht zum nächsten und fragt aufs neue: „Willst Du mit mir spielen?".

Und was tun wir Erwachsenen? Wenn wir einen anderen fragen „Willst Du mit mir spielen?" und der sagt „nein", dann verfallen wir in tiefe Depressionen oder denken gar daran, uns das Leben zu nehmen.

Als Kinder waren wir alle spontan. Wir haben Moment für Moment gelebt, ohne uns über die Zukunft zu sorgen oder über die Vergangenheit zu krämen.

Dann kamen unsere Eltern und Erzieher und mahnten uns, uns nicht so unbekümmert und kindisch zu benehmen. Wir sollten aufhören, dieses oder jenes zu tun, und uns fortan wie Erwachsene benehmen, was soviel bedeutet wie, ernst einherzuschreiten. „Wenn du so weitermachst, dann wirst du nie erwachsen" oder „Wie kann man sich nur in deinem Alter noch so kindisch benehmen?".

Durch all die Gebote und Ermahnungen unserer Erzieher haben wir immer mehr Spontanität und Kreativität verloren. Wir haben verlernt, lebendig zu sein und am Leben teilzunehmen.

Mal ehrlich! Wann haben Sie jemandem das letzte Mal einen harmlosen Streich gespielt? Oder wie reagieren Sie, wenn andere Ihnen einen Streich spielen? Sind Sie dann sauer, finden Sie es albern oder lachen Sie mit?

Wenn wir erwachsen werden, dann verliert unser Leben viel an Überraschungen und Spontanität. Mit dem Erwachsenwerden beginnt für viele von uns der Ernst des Lebens. Und dann wundern wir uns, wo all der Spaß und die Heiterkeit geblieben sind.

Wie stehen die meisten von uns heute da? Sind wir glückliche Erwachsene? Haben wir gut daran getan, das Kind in uns aufzugeben und erwachsen zu werden?

Nein! Am meisten bewundern wir doch Menschen, die sich eine gewisse Spontanität und Natürlichkeit bewahrt haben, die offen sind für alles Neue, sich spontan begeistern und andere dadurch mitreißen können, die also das Kind in sich bewahrt haben.

Der Erwachsene in uns hat keinen Sinn für Freude und Spaß. Lassen wir deshalb den kleinen Jungen oder das kleine Mädchen in uns auch zu Wort kommen. Dann wird unser Leben lebendiger und schöner. Gehen wir das Risiko ein, von anderen belächelt und als kindisch abgestempelt zu werden. Sollen die anderen doch ernst und gelangweilt umherlaufen. Sind wir doch lieber kindisch und haben unseren Spaß.

Einige Anregungen

1. Seien Sie dankbar. Freuen Sie sich darüber, wenn Sie und Ihre Nächsten gesund sind. Betrachten Sie das nicht als eine Selbstverständlichkeit. Genießen

---

Man hat nur Spaß im Leben,
wenn man das Kindliche in sich trägt.

Vicco von Bülow (Loriot)

Sie bewußt das Erreichte und die Annehmlichkeiten, die Sie sich leisten können.

2. Machen Sie während des Tages des öfteren eine kurze Pause, in der Sie sich auf sich und Ihr Leben besinnen. Denken Sie an etwas Schönes und freuen sich, daß Sie im Besitz Ihrer geistigen und körperlichen Kräfte sind.
3. Leben Sie bewußter. Machen Sie sich offen für das kleine Veilchen, das Tag für Tag an Ihrem Wegrand steht. Das kann eine Blume sein, ein Vogel, das freundliche Wort eines Mitmenschen, eine nette Geste Ihres Arbeitskollegen oder Partners. Genießen Sie die kleinen Dinge für einen Moment, ehe sie wieder im Alltag untergehen.
4. Verbannen Sie alle negativen Gedanken an die Vergangenheit oder die Zukunft aus Ihrem Denken. Machen Sie es, wie es Dale Carnegie einmal ausgedrückt hat: Schotten Sie die Vergangenheit und die Zukunft vom Heute ab, so wie Sie eine Türe hinter sich schließen.

Das Leben ist ein verlorenes Gut,
wenn man nicht so gelebt hat,
wie man hätte leben wollen.

5

Verschließe
Dich nicht
dem Neuen.
Sei offen
für alles,
was Du
nicht kennst.

Negativ eingestellte Menschen haben Angst vor dem Neuen und Unbekannten. Sie haben Angst, aus gewohnten Bahnen auszubrechen und etwas auszuprobieren, das sie nicht kennen. Sie wollen stets auf Nummer sicher gehen.
Veränderung ist etwas, wovor sie zurückschrecken. Sie lesen stets nur die gleiche Art Bücher oder hören immer nur die gleiche Art Musik. Sie wechseln nicht ihre Arbeitsstelle, auch wenn sie anderswo bessere Verdienstmöglichkeiten oder Aufstiegschancen haben. Sie haben zuviel Angst, sie könnten versagen.
Sie treffen sich stets nur mit den gleichen vertrauten Leuten, gehen nie in ein anderes Lokal und probieren nie neue Speisen aus. Nicht weil sie das fremdartige Essen nicht mögen. Nein, weil das Unbekannte bedrohlich für sie ist.

Menschen ohne Grenzen dagegen sind stets auf der Suche nach dem Neuen und Unbekannten. Für sie liegt in dem Neuen und Unbekannten etwas Faszinierendes und Spannendes. Sie sind von dem Neuen begeistert und immer bereit, es auszuprobieren.

Es gibt einen schönen Witz, der den Unterschied zwischen negativ eingestellten Menschen und Menschen ohne Grenzen im Bezug auf das Neue aufzeigt.
2 Freunde gehen in ein Spezialitätenrestaurant. Der eine fragt: „Was haben Sie für eine Spezialität?" „Zunge, mein Herr, ganz frisch heute". „Zunge, mmhh. Ich habe noch nie Zunge gegessen. Geben Sie mir ein Sandwich mit 2 Zungen drauf. Das muß ich probieren". „Zunge?" fragt der andere. „Wie kann man nur so etwas essen? Das ist ja ekelhaft. Mir dreht sich der Magen um. Wie kann man etwas essen, was aus dem Maul eines Tieres kommt?". „Du brauchst das nicht zu essen. Bestelle dir etwas anderes". „Mach ich auch. Geben Sie mir einen Eiersalat".

Negativ eingestellte Menschen würden nie eine Fremdsprache lernen. Sie würden sich damit entschuldigen, daß sie die Sprache nicht auf der Schule gelernt haben und daß es nun zu spät dazu sei. Und überhaupt. Was für einen Sinn sollte es haben, jetzt noch eine Fremdsprache zu lernen?

Menschen ohne Grenzen lernen auch noch mit 90 Jahren eine neue Sprache. Sie beginnen mit 60 Jahren noch ein Studium oder schreiben sich zu Vorlesungen an der Universität ein. Ihr Wissensdurst ist unersättlich. Sie sind neugierig auf alles, was sie nicht kennen. Sie finden es spannend und aufregend, etwas Neues kennenzulernen, auch wenn es für sie keinen praktischen Nutzen hat.

Im „Mannheimer Morgen", einer Lokalzeitung, war vor einiger Zeit ein Bericht über eine 62jährige Frau, deren Mann gestorben ist. Sie lernte mit ihren 62 Jahren das Segeln und 2 Jahre später segelte sie alleine über den Pazifik. Nun ist das sicherlich nichts, was wir alle tun sollten. Aber diese Frau besaß diese Qualität, die alle positiv eingestellten Menschen besitzen. Sie sagte sich nicht: „Ich bin jetzt schon so alt. Jetzt ist es zu spät. Mein Leben ist gelaufen. Was kann ich noch erwarten?"

Sie sagte sich vielmehr: „Es gibt noch so vieles zu erleben und zu erfahren. Ich werde jeden neuen Tag meines Lebens auskosten und ihn zu einem Abenteuer machen".

Eine Bekannte erzählte mir, daß ihre Eltern, die beide fast 70 Jahre jung sind, sehr viel unternehmen. Sie reisen in die entferntesten Länder und sind für alles offen, was sie nicht kennen. Wenn ihre Tochter sie zu sich einlädt, dann sagen sie: „Ach Kind. Wenn wir einmal alt sind und nicht mehr so reisen können, dann besuchen wir dich öfter. Im Moment jedoch wollen wir die Gelegenheit nutzen, um etwas zu erleben".

Menschen ohne Grenzen gehen ein Risiko ein. Sie gehen nicht den sicheren und bequemen Weg. Sie wissen, daß der sichere Weg immer auch der langweilige und unbefriedigende Weg ist.
Wenn wir unser Leben stets nur in gewohnten und vertrauten Bahnen führen, dann ist es wie eine Flasche Coca Cola, die für 2 Tage offen stand. Die Kohlensäure ist raus und die Cola schmeckt fade und langweilig. So ist auch unser Leben, wenn wir das Neue und die Begeisterung aus ihm fernhalten.

Wir alle haben von unseren Eltern eine Reihe von Verhaltensregeln und Lebensweisheiten mit auf den Weg bekommen. Diese sehen etwa so aus:
„Passe dich an, höre auf andere, gehe zur Schule, lerne fleißig, schreibe gute Noten, studiere wenn möglich oder suche dir einen anständigen Beruf, heirate, ziehe Kinder groß, sorge für das Alter vor, mache es anderen stets recht, bezahle deine Rechnungen pünktlich, sei ordentlich, mache keine Schwierigkeiten, ziehe dich sauber an, komme nicht mit dem Gesetz in Konflikt, denke an die Zukunft, spare, sei strebsam", usw.

Ich verurteile diese Regeln nicht. Sie können durchaus sinnvoll sein. Wenn unser Leben jedoch ausschließlich aus der Befolgung solcher Regeln besteht, dann können wir keine innere Befriedigung und keinen Sinn im Leben finden. Wir leben dann zwar genau nach Fahrplan. Dieser geht jedoch am Leben vorbei.

Der Sinn des Lebens ist es schließlich,
zu leben, bis an die äußersten Grenzen
dessen zu gehen, was wir erfahren können,
begierig und furchtlos nach immer neuen
reicheren Erfahrungen zu greifen.

Eleanor Roosevelt

Wenn wir nicht außerfahrplanmäßige Wege gehen, die die Möglichkeit neuer Erfahrungen in sich bergen, dann ist unser Leben fade und eintönig. Dann kann unser Leben nicht prickelnd und aufregend sein.

Viele Menschen gehen Tag für Tag zur Arbeit, ohne dabei eine Befriedigung zu verspüren. Sie haben ihren Beruf 10, 20 und mehr Jahre ausgeübt. Er besteht nur noch aus Routine. Die Befriedigung, die sie einst verspürt haben, ist verschwunden. Sie machen ihre Arbeit nur noch, weil man es von ihnen erwartet, oder weil sie es so gewohnt sind. Sie verspüren jedoch keinen inneren Frieden.

Menschen ohne Grenzen finden sich damit nicht ab. Wenn sie feststellen, daß sie bei dem, was sie tun, keine innere Befriedigung verspüren, dann suchen sie sich eine andere Arbeit, die sie begeistert und die ihnen Spaß macht.

Ich weiß, was Sie denken: „Das ist leicht gesagt. So leicht bekommt man heute keine Arbeitsstelle mehr. Und wie steht es mit der Verantwortung, die ich habe und mit all den Verpflichtungen?"

Darüber spreche ich im Moment jedoch nicht. Ich spreche darüber, wie zufrieden Sie mit sich und Ihrem Leben sind.

Wir können uns über die Ergebnisse unterhalten. Die meisten Menschen, die das Risiko eingehen und sich eine neue Arbeitsstelle suchen, sind erfolgreicher als zuvor. Sie verdienen mehr Geld und haben mehr Erfolg als zuvor, obwohl es ihnen darauf nicht ankommt. Sie werden für ihren Mut jedoch noch mit sehr viel mehr belohnt. Da sie mit sich und ihrer Arbeit zufrieden sind, sind auch ihre Beziehungen zu anderen Menschen, den Kindern, dem Partner oder den Freunden intensiver und befriedigender.

Auch in meinem Leben gab es eine Zeit, in der ich es für sehr wichtig hielt, mein Leben nach diesen Regeln auszurichten. Nicht daß ich unglücklich war. Nein, aber ich war auch nicht besonders zufrieden. Irgendwo dachte ich immer: „Das kann doch nicht alles sein". Irgendwie war ich unzufrieden, ohne jedoch genau zu wissen warum.

Heute tue ich weitgehendst, was mir Spaß macht und worin ich eine gewisse Befriedigung erfahre. Ich habe für mich beschlossen, meine Zufriedenheit nicht der Befolgung dieser Regeln unterzuordnen. Ich habe für mich erkannt, daß es viel wichtiger ist, das zu tun, was für mich einen Sinn ergibt und wofür ich mich begeistern kann.
Das fällt mir nicht immer leicht. Bei vielem, was ich tue, steht am Anfang die Angst. Aber ich weiß, daß ich durch diese Angst hindurch muß, wenn ich ein zufriedenes Leben führen will.

„Das Neue macht immer Angst, aber das Neue ist das Leben und nur durch das Neue erreichst du neue Quellen des Lebens, des Glücks" (Baghwan)
Wenn wir das Neue und das Interesse dafür von unserem Leben fernhalten, dann können wir keine innere Befriedigung in unserem Leben erfahren. Und wenn es uns an einer inneren Zufriedenheit fehlt, dann fehlt es uns an einem Sinn für das Leben.

Das Alter ist kein Abstellgleis

Viele Menschen haben Angst vor dem Älterwerden. Ja, es scheint, als sei das Älterwerden so etwas wie eine Schande oder eine Krankheit.

Woher kommt es, daß das Älterwerden für so viele Menschen ein Schreckgespenst ist? Meist liegt es an

---

Wer glaubt, etwas zu sein,
hat aufgehört, etwas zu werden.

Philipp Rosenthal

---

der Einstellung, daß man mit einem gewissen Alter nicht mehr attraktiv ist und nicht mehr gebraucht wird. Man kommt sich nutzlos vor und sieht in seinem Leben keinen Sinn mehr. Daher kommt es auch, daß so viele Menschen kurz nach ihrer Pensionierung häufig krank werden und oftmals sehr bald sterben. Ihr Beruf war ihr einziger Lebensinhalt. Durch ihn hatte ihr Leben einen Sinn. Da sie nicht gelernt haben, ihrem Leben auf andere Weise etwas abzugewinnen, kommen sie sich nun überflüssig und nutzlos vor.

Diese Menschen haben nicht gelernt, etwas mit sich und ihrem Leben anzufangen. Nun, da sie ohne Arbeit sind, wissen sie nicht so recht, womit sie sich beschäftigen sollen. Der Verlust ihrer Arbeit hat bei ihnen eine große Leere hinterlassen. Es fehlt ihnen an Interessen und Hobbies, die sie ausfüllen. Sie haben versäumt, anderen Dingen gegenüber offen zu sein. Alles, was rechts und links ihres Weges lag, haben sie unbeachtet gelassen. Sie haben ihre Neugierde und Offenheit gegenüber dem Neuen aufgegeben. Sie haben sich denen angeschlossen, die sagen, daß man im Alter eben gewisse Dinge aufgeben müsse.

Ich glaube, es ist gerade umgekehrt. Wenn wir Dinge aufgeben, dann werden wir alt. Solange wir jedoch am Leben teilnehmen und uns nicht von ihm fernhalten oder ausschließen, solange können wir lebendig sein.

Wer zum passiven Ausruhen auf dem Erreichten neigt, macht sich vorzeitig schwach und alt. Wer hingegen für neue Gedanken offen ist, bleibt lebendig und jung.

Ein chinesisches Sprichwort sagt: Der Mensch ist bei seiner Geburt biegsam und zart, bei seinem Tode steif und starr. Die Kräuter und Bäume sind bei ihrem Entstehen biegsam und saftig, bei ihrem Aussterben trokken und dürr. Darum: Was starr und groß ist, geht abwärts, was biegsam und zart ist, geht aufwärts.

Alter ist eine Frage des Geistes und nicht der Lebensjahre. Man wird alt, wenn man glaubt, daß einem viele Dinge verschlossen sind. Man ist so alt, wie man sich fühlt. Da man so fühlt, wie man denkt, kommt es darauf an, daß man sich nicht einredet, man sei für dieses oder jenes zu alt und man könne deshalb vom Leben nichts mehr erwarten.

Wenn man sich ständig suggeriert, daß man für gewisse Dinge zu alt sei, dann stellt man sich selbst auf ein Abstellgleis. Man nimmt dann nicht mehr am Leben teil und beobachtet nur noch wehmütig die vorbeifahrenden Züge. Man rostet vor sich hin und gerät so in eine immer schlechtere körperliche und seelische Verfassung. Wenn man immer nur seine Falten zählt und sich darum sorgt, alt zu werden, dann führen diese negativen Suggestionen dazu, daß unser Gesicht immer lebloser und maskenhafter wird. Umso mehr hat man dann Anlaß, negativ von sich zu denken. Das ist ein verhängnisvoller Kreislauf.

Das Gesicht ist der Spiegel der Seele. Wer positiv durchs Leben geht, sieht jünger aus. Wer negativ durchs Leben geht, bekommt sehr bald ein verbrauchtes Gesicht. Wohl gemerkt, ich meine damit nicht die Falten im Gesicht eines Menschen. Unsere positiven wie negativen Gedanken sind die Baumeister unserer Seele, unseres Körpers und unseres Äußeren.

Was wirklich zählt, sind nicht die Lebensjahre. Was zählt, ist, ob man im Inneren, in seinem Herzen, jung geblieben ist, d. h. daß man sich offenhält für das Leben. Es gibt Menschen, die sind schon mit 20 Jahren „tot", und es gibt Menschen, die sind noch mit 60 und

---

Das Leben ist entweder ein Abenteuer oder ein Nichts.

Helen Keller

---

70 Jahren so lebendig und aktiv wie einst als junge Menschen. Man ist in dem Maße jung, in dem man sich die Freuden der Jugend erhält. Ein vergnügter Greis ist dann nur ein alter Knabe.

Es gibt viele Menschen, die noch im Alter Höchstleistungen bringen. So schrieb Goethe Faust mit 80 Jahren. George Bernard Shaw brach sich sein Bein mit 96 Jahren. Wissen Sie, wie das passierte? Er fiel vom Baum, als er Pflaumen pflückte. Galileo brachte sein letztes Buch mit 74 Jahren heraus. Duke Ellington bekam mit 66 Jahren den Pulitzer Preis. Wissen Sie, was er sagte? Er sagte: „Gott wollte wohl nicht, daß ich zu früh berühmt werde". Pablo Casals gab im Weißen Haus mit 85 Jahren ein Konzert. In Düsseldorf fährt ein 70jähriger Mann Skateboard. Eine mir bekannte Frau hat mit 69 Jahren das Tauchen erlernt. Guiseppe Verdi war 77 Jahre jung, als er mit der Oper Falstaff begann.

Holen Sie Ihre Rollschuhe heraus und tun es den Jungen gleich. Kaufen Sie sich ein Skateboard und fahren Sie den Jungen davon. Höre ich Sie sagen: „In meinem Alter geziemt sich das doch nicht. Im meinem Alter tut man das doch nicht. Die anderen werden mich für verrückt halten". Schade, wenn Sie so denken. Pfeifen Sie doch darauf, was sich geziemt. Seien Sie ein wenig verrückt und tun das, woran Sie Gefallen haben.

Ich tue viele verrückte Dinge in meinem Leben. Wenn meine Mitmenschen sagen „Da schau dir den an. Das ist wieder der verrückte Merkle", dann freue ich mich darüber. Wissen Sie warum? Sehr einfach. Wenn andere mich für verrückt halten, dann kann ich meinen Spaß haben und mich am Leben erfreuen. Dann kann ich alles tun und die anderen werden es mir, dem Verrückten, verzeihen. Lieber bin ich in den Augen anderer verrückt und habe dabei meinen Spaß, als daß ich ernst bin und mich „meinem Alter entsprechend" verhalte und unzufrieden bin. Lassen Sie die anderen

Menschen ruhig lachen. Lassen Sie die anderen doch recht haben und dabei unglücklich sein. Seien Sie verrückt und genießen Ihr Leben. Ich glaube, man muß in unserer heutigen Zeit ein wenig verrückt sein, um in dieser verrückten Welt zu überleben.

Das Alter ist kein Hemmnis für ein erfülltes Leben. Was Menschen mit zunehmendem Alter immer älter werden läßt, ist die Einstellung, daß man nur in jungen Jahren Spaß und Freude am Leben haben kann.

Seien Sie kreativ und überlegen sich, was alles in Ihrem Leben schon zur Routine geworden ist. Überlegen Sie, welche Dinge Ihnen früher Spaß gemacht haben, die Sie aber aufgegeben haben, weil es sich in Ihrem Alter nicht mehr geziemt, so etwas zu tun. Probieren Sie, wenn immer sich die Gelegenheit bietet, etwas Neues aus.

Seien Sie etwas verrückt. Verrückt zu sein, bringt soviel Freude und Spontanität. Das Leben hält soviele Überraschungen für uns bereit, wenn wir für sie offen sind. Wir sind alle viel zu ernst und nüchtern. Wir lachen nicht genug. Wir verbringen unser Leben in den immer gleichen und vertrauten Bahnen und wundern uns dann, daß unser Leben langweilig und unausgefüllt ist.

Einige Anregungen

1. Machen Sie jeden Tag eine neue Erfahrung. Überlegen Sie jeden Tag aufs neue, aus welchen gewohnten und langweiligen Bahnen Sie ausbrechen können. Essen Sie zuerst die Nachspeise und dann das Hauptgericht. Gehen Sie, wenn es regnet, ohne Schirm spazieren und werden naß. Tunken Sie den

---

Ein großer Weiser erscheint oft wie ein Narr.

Chinesisches Sprichwort

Kuchen in den Kaffee, wenn Ihnen danach zumute ist. Kaufen Sie sich das Motorrad, wenn Sie davon träumen. Fahren Sie auf dem Jahrmarkt mit dem Kinderkarussel oder der Geisterbahn. Gehen Sie nie ins Bett, ohne etwas Neues gesehen, geschmeckt, gehört oder erlebt zu haben.

2. Planen Sie das nächste Wochenende einmal ganz anders als sonst. Fahren Sie beispielsweise alleine oder mit Familie einfach mal drauf los, ohne Ziel und Plan. Halten Sie an, wo es schön oder interessant ist.
3. Kramen Sie in Ihren Kindheitserlebnissen. Was hat Ihnen als Kind oder Jugendlicher Spaß gemacht? Welche Hobbies oder Sportarten haben Sie früher gemacht?

   Wählen Sie daraus einige Dinge aus und probieren sie heute nach 10, 20 und mehr Jahren erneut aus.

   Hier sind einige, vielleicht in Vergessenheit geratene Kindheitsvergnügen als Anregung: durch Regenpfützen laufen, Steine übers Wasser hüpfen lassen, Drachen steigen lassen, im Wald durch das Laub gehen, so daß es raschelt, im Wald aus Moos und Ästen ein kleines Häuschen bauen, von einer Bahnschwelle auf die andere hüpfen.
4. Gehen Sie in Veranstaltungen, von denen Sie bisher dachten, daß Sie daran keinen Gefallen finden würden. Machen Sie die Probe aufs Exempel. Finden Sie heraus, ob dem tatsächlich so ist.

Nichts macht schneller alt, als der immer vorschwebende Gedanke, daß man älter wird.

Georg Christoph Lichtenberg

6

Lasse andere
nicht über
Dein Leben
bestimmen.
Tue,
was Du
für richtig
hälst.

Heutzutage ist viel von der Selbstverwirklichung des Menschen die Rede. Was heißt das, sich selbst zu verwirklichen?
Letztendlich heißt es nichts anderes, als sich von äußeren Einflüssen und Zwängen freizumachen und das Leben zu führen, das man führen will. Es bedeutet, daß man in sich hineinhört und sich fragt: „Was möchte ich? Wie möchte ich leben?"
Niemand kennt unsere Bedürfnisse und Wünsche besser als wir selbst. Deshalb können wir uns auch nicht auf andere verlassen, sondern müssen selbst etwas dafür tun, daß sie erfüllt werden.

Menschen ohne Grenzen hören auf ihre innere Stimme, die ihnen sagt: „Tue das, das ist wichtig für dich". Sie hören nicht auf die andere eher kritische Stimme in ihnen, die sagt: „Was werden die anderen denken? Das gehört sich nicht. Das tut man nicht. Andere tun das auch nicht".
Sie tun, was sie für richtig halten, auch wenn sie dabei auf Kritik stoßen. Sie orientieren sich in ihrem Handeln an ihren Bedürfnissen und Wünschen und entscheiden dann, was für sie richtig und falsch ist.
Negativ eingestellte Menschen übernehmen meist die Maßstäbe und Normen anderer Menschen. Sie lassen sich von anderen Menschen sehr stark in ihrem Handeln beeinflussen. Sie neigen dazu, sich ihr Leben so einzurichten, wie andere es für gut und richtig finden. Sie lassen sich von anderen in ihre Angelegenheiten hineinreden.
Sie kennen meist auch ihre Wünsche und Bedürfnisse sehr genau, getrauen sich aber nicht, sie in die Tat umzusetzen. Sie hören mehr auf die Stimme, die ihnen sagt, daß es nicht recht sei, so egoistisch zu sein.

Wir alle haben in uns den Drang, uns selbst zu verwirklichen. Wir folgen ihm jedoch oft nicht, da wir in uns eine blockierende Stimme hören, die uns daran hin-

dern will. Diese Stimme versucht, uns davon abzuhalten, das zu tun, was wir uns in unserem Innersten so sehr wünschen. Sie versucht, uns einzureden, daß es nicht vernünftig sei, daß wir egoistisch sind, daß wir uns blamieren werden, daß wir versagen werden, daß andere auch nicht so leben, daß andere uns ablehnen werden, daß wir kindisch sind, daß wir nicht das Recht hätten, usw.
Wenn wir uns in unserem Handeln von dieser negativen inneren Stimme oder der Meinung anderer leiten lassen, dann begehen wir einen großen Fehler. Wir übersehen dann, daß das, was für andere gut und richtig ist, nicht auch für uns gut und richtig sein muß.
Sie kennen vielleicht die Sprichwörter: „Was des einen Freud, ist des anderen Leid" und „Was für den einen Menschen Medizin ist, ist für den anderen Gift". Wir Menschen unterscheiden uns hinsichtlich unserer Wünsche und Träume. Wir haben unterschiedliche Erwartungen und Vorstellungen vom Leben. Niemand kennt unsere Sehnsüchte besser als wir. Deshalb bleibt jedem Menschen auch nur die Möglichkeit, sich an den eigenen Bedürfnissen zu orientieren. Jeder muß selbst wissen, was für ihn wichtig ist und welchen Weg er in seinem Leben einschlagen will.

Tag für Tag treffen wir Entscheidungen, die unser Leben und unsere Zukunft mehr oder weniger stark beeinflussen.
Das beginnt schon am Morgen. Stehe ich auf oder bleibe ich liegen? Nehme ich mir Zeit für das Frühstück oder stehe ich so spät auf, daß nur noch Zeit für eine Tasse Kaffee ist? Beginne ich den Tag schon mit Hektik und Streß, weil ich mal wieder nicht aus den Federn gekommen bin?

Das setzt sich fort mit der Kleidung. Trage ich, was mir gefällt, oder ziehe ich an, was gerade Mode ist? Trage ich jenes Paar moderne Schuhe, in denen meine Füße

sich vor Schmerzen krümmen, oder entscheide ich mich für weniger moderne, aber dafür bequeme Schuhe?
Trinke ich den mir angebotenen Schnaps, obwohl ich eigentlich keine scharfen Sachen mag? Esse ich, weil ich Hunger habe oder weil es gerade Essenszeit ist? Höre ich zu essen auf, wenn mir mein Körper signalisiert „Stop. Ich bin satt", oder esse ich alles auf, weil man ja nichts verkommen lassen soll?
Treibe ich eine bestimmte Sportart, weil man einfach in diesem oder jenem Verein dabei sein „muß", weil es schick ist oder weil ich Spaß daran habe? Gehe ich auf langweilige Partys, obwohl ich viel lieber etwas anderes tun würde?

Sie sehen. Es läuft immer darauf hinaus: „Was will ich? Was möchte ich gerne tun?
Je mehr wir uns von anderen Menschen oder eingebildeten Zwängen „vergewaltigen" lassen und unseren eigenen Bedürfnissen zuwider handeln, umso unzufriedener werden wir mit der Zeit und umso mehr schaden wir uns.

Wenn wir der inneren Stimme folgen, die auf Selbstverwirklichung drängt, dann gehen wir oft das Risiko ein, bei anderen auf Unverständnis und Kritik zu stoßen.
Ich selbst habe vor 6 Jahren eine gut bezahlte Stelle aufgegeben, um meiner inneren Stimme folgend für 6 Monate in die USA zu gehen. Ich wollte dort studieren und mir Land und Leute anschauen. Meine Bekannten sagten: „Wie kann man nur so etwas Unvernünftiges tun.

Wir haben nur ein Leben zu leben.
Sollte es dann nicht so sein,
wie wir es uns wünschen?

Wenn Du zurückkommst, bekommst Du keine Stelle mehr. Du sitzt dann auf der Straße".

Ich habe es trotzdem getan und soll ich Ihnen etwas sagen: Diese 6 Monate waren für mich die wertvollsten und persönlich wichtigsten Monate in meinem Leben. Ich habe dort soviel gelernt und erfahren, was ich hier in Deutschland nie hätte lernen können. Zurückgekehrt machte ich mich selbständig und begann einen neuen Lebensabschnitt. Heute beneiden mich viele um meinen Erfolg und meine Arbeit. Hätte ich damals auf all die ängstlichen Menschen gehört, die mir abzuraten versuchten, dann wäre ich heute wahrscheinlich nicht da, wo ich bin. Ganz sicherlich aber wäre ich heute nicht so zufrieden mit mir und meinem Leben. Ich würde vermutlich mein ganzes Leben der vertanen Chance nachtrauern. Ich wäre auf mich wütend, daß ich auf andere gehört hätte, und ich würde es denen übel nehmen, die mich davon abzuhalten versucht haben.

Ein Sprichwort sagt: Hinterher ist man immer klüger. Ich glaube, wir alle besitzen sehr oft das Wissen und die „Klugheit", was für uns gut und richtig ist. Aus Angst aber vor den Reaktionen unserer Mitmenschen handeln wir trotz besseren Wissens „unklug", d. h. wir entscheiden uns nicht für uns und das, was wir möchten.

Seinen Weg zu gehen, ist sicherlich nicht immer einfach. Da sind die Neider und Spötter, die uns nicht den Mut gönnen, etwas anders zu machen als sie selbst. Dann ist da die eigene Angst, man könnte Schiffbruch erleiden und sein Ziel nicht erreichen.

Aus eigener Erfahrung weiß ich jedoch, daß die Angst von Abenteuer zu Abenteuer geringer wird. Das Zutrauen in die eigenen Fähigkeiten wächst und damit auch der Mut. Mit zunehmendem Selbstvertrauen wächst auch das Vertrauen in sich, mit Fehlschlägen fertig zu werden. Wenn ich die Biographien erfolgreicher Menschen lese, dann bin ich immer wieder erstaunt, welche Niederlagen und Rückschläge diese Menschen in ihrem Leben haben einstecken müssen. Es war kein Glück oder Zufall, daß sie zu dem geworden sind, was sie heute sind. Sie haben hart dafür gearbeitet. Vor allem aber sind sie sich selbst treu geblieben. Sie ließen sich nicht durch Fehlschläge entmutigen. Sie haben nicht auf ihre Kritiker und Spötter gehört. In ihrem Innern wußten sie: „Du kannst es. Du wirst es schaffen". Sie folgten ihrer inneren Stimme.

Das heißt nicht, daß sie sich ihrer Sache immer 100%ig sicher waren. Das heißt nicht, daß sie nicht auch manches Mal gezweifelt haben, ja verzweifelt waren. Das heißt nicht, daß sie völlig frei von Angst waren.

Menschen ohne Grenzen lassen sich jedoch nicht von ihren Ängsten und Unsicherheiten abhalten. Sie schenken Gedanken, die sie daran hindern wollen, das zu tun, was sie möchten, kein Gehör. Sie gehen ein Risiko ein.

Wenn wir ein erfülltes und befriedigendes Leben führen wollen, dann müssen wir unseren Bedürfnissen folgen und unsere Interessen gegen die der anderen verteidigen.

Wenn wir nicht das tun, was wir für richtig halten, dann gehen wir vielleicht den leichteren Weg, aber am Ende steht auch fast immer eine große Unzufriedenheit. Es ist so gut wie unmöglich, Befriedigung und einen Sinn im Leben zu erfahren, wenn wir stets das tun, was andere von uns erwarten.

Jeder Mensch ist ein Egoist

Psychologischen Untersuchungen zufolge lassen sich mehr als 75% aller Menschen in ihrem Handeln von äußeren Einflüssen leiten.

Haben Sie schon einmal gehört, daß man einem Kritiker ein Denkmal errichtet hat?

Woran liegt es, daß nur so wenige Menschen das Leben führen, das sie führen möchten?
Meist kommt es daher, weil viele Menschen denken, sie seien egoistisch, wenn sie das tun, was sie für richtig halten. Egoistisch zu sein, haben wir alle jedoch gelernt, ist etwas ganz Verwerfliches und Schändliches. Deshalb sagen wir so häufig „ja", auch wenn wir „nein" sagen wollen, stecken zurück, geben klein bei, reden und handeln gegen unsere Überzeugung und passen uns an.

Aber auch wenn wir uns scheinbar so selbstlos verhalten, indem wir es anderen recht machen, sind wir egoistisch. Wir wollen dann nämlich durch unser „selbstloses" Verhalten erreichen, daß der andere weiterhin gut auf uns zu sprechen ist. Wir haben Angst, unser Ansehen könnte leiden oder der andere könnte sich gar von uns abwenden. Wir richten uns also nicht dem anderen zuliebe nach ihm, sondern um unserer selbstwillen. Das ist egoistisch. Wenn wir keine Angst hätten, unser gutes Ansehen zu verlieren, dann würden wir das tun, was wir für richtig halten.

Egoistisch zu sein, halte ich für etwas ganz Normales und Vernünftiges. An sich selbst zu glauben und das Leben zu führen, das man führen will, ist eine Form gesunden Egoismusses. Schädlich oder ungesund ist ein Verhalten nur dann, wenn man andere Menschen mißbraucht und um des eigenen Vorteils willen ausnutzt. Wenn wir jedoch das tun und sagen, was wir für richtig halten, und von unserem Recht Gebrauch machen, das Leben zu führen, das wir führen wollen, ohne damit einem anderem zu schaden oder ihn auszunutzen, dann sind wir nicht egoistisch im negativen Sinne.

Überlegen Sie einmal für einen Moment, wie es heute um uns bestellt wäre, wenn es nicht Menschen wie etwa den Erfinder Edison oder den Entdecker Columbus gegeben hätte. Alle großen Künstler, Wissenschaftler und Forscher sind nur zu dem geworden, was sie heute sind, weil sie auf ihre innere Stimme gehört haben, die ihnen sagte: „Tue das. Das ist wichtig für dich". Hätten sie auf ihre Kritiker und Spötter gehört, dann würden wir heute wahrscheinlich noch in Höhlen leben.

Fortschritt ist nur möglich, wenn es Menschen gibt, die zu dem stehen, was sie für richtig halten, auch wenn sie dabei auf Kritik stoßen.

Seien Sie ehrlich: Welche Menschen respektieren und bewundern Sie am meisten? Jene, die ihre Meinung sagen, dazu stehen und ihren Weg gehen, auch wenn sie dabei auf Kritik stoßen, oder jene Menschen, die anderen nach dem Mund reden und ihr Fähnlein in den Wind hängen?

Vielleicht kennen Sie das Buch „Die Möwe Jonathan". Der Autor hat dieses Buch mehr als 18 Verlagen in den USA angeboten und keiner wollte es haben. Als dann schließlich doch ein Verlag das Buch herausbrachte, wurde es innerhalb von ganz kurzer Zeit ein Millionenerfolg. Hätte der Autor auf die Verlage gehört, die sein Buch abgelehnt haben, und hätte er sich gedacht „Na ja, wenn die das sagen, dann wird das schon seine Richtigkeit haben", dann hätte er sich nicht weiter darum bemüht, einen Verlag zu finden. Das Buch wäre nie erschienen. Er hätte sich um den Erfolg gebracht und viele Menschen um die Freude, die sie durch das Lesen dieses Buches verspürten.

Menschen, die das tun, was sie für richtig halten, sind meist beruflich erfolgreicher als Menschen, die dem Erfolg hinterherjagen und alles tun, um andere zufrieden zu stellen. Viel wichtiger ist jedoch, daß diese Menschen zufriedener sind als Menschen, die sich von

---

Ein Weiser entscheidet für sich selber,
ein Narr richtet sich nach den Leuten.

Chinesisches Sprichwort

---

der Meinung anderer leiten lassen. Persönlicher und materieller Erfolg im Leben hängt in einem hohen Maße von der Selbstbestimmung ab. Wer ein persönlich und materiell erfolgreiches Leben führen will, darf sich nicht von der Meinung seiner Umwelt beirren lassen. Er muß seiner inneren Stimme folgen und so handeln, als sei er alleine.

Es gibt eine wunderschöne Geschichte, die im Orient spielt. Sie handelt von der Schwierigkeit, es allen Menschen recht zu machen: Ein Mann reitet auf seinem Esel, hinter dem ein kleiner Junge, sein Sohn läuft. Plötzlich ruft eine Stimme: „So eine Unverschämtheit. Der Vater sitzt auf dem Esel und der arme kleine Junge muß mit seinen kleinen Beinchen hinterherrennen". Der Vater überlegt einen Moment, dann steigt er herab und läßt seinen Jungen auf den Esel sitzen. Doch bald ist eine andere Stimme zu hören. „Das ist doch die Höhe. Da sitzt der Junge doch wie ein Pascha auf dem Esel und der arme alte Vater muß nebenherlaufen". Vater und Sohn schauen sich für einen Moment an und dann steigt der Vater zu dem Jungen auf den Esel. Kaum sind sie ein paar Schritte geritten, ruft ein anderer: „So eine Tierquälerei. Jetzt muß der arme Esel so schwer tragen, nur weil die Herrschaften zu fein sind, um zu laufen". Vater und Sohn schauen sich an und steigen beide vom Esel ab und laufen nun neben ihm her. Plötzlich hören sie ein lautes Gelächter und eine Stimme ruft: „Nun schaut euch die beiden Trottel an. Wie kann man nur so blöd sein und neben seinem Esel herlaufen. Wozu hat man denn so ein Tier?"

Diese Geschichte lehrt uns: Wir können es nie allen Menschen recht machen, gleichgültig wie sehr wir das auch anstreben. Wir können es letztlich nur einem Menschen voll und ganz recht machen: uns selbst. Es wird immer Menschen geben, die das, was wir tun und sagen, nicht gut finden und uns dafür ablehnen.

Seiner inneren Stimme zu folgen bedeutet auch, sich nicht vom Kalender oder der Uhrzeit abhängig zu machen. Es bedeutet, beispielsweise dann schlafen zu gehen, wenn man müde ist und nicht weil es Zeit dafür ist.

Wie lange würden Sie schlafen, wenn Sie keine Uhr hätten? Man hat dazu eine sehr interessante Untersuchung gemacht.

Man hat Personen in einem unterirdischen Bunker untergebracht. Sie hatten keine Uhren und konnten nicht feststellen, ob es Tag oder Nacht war.

Was meinen Sie, wie lange haben die Versuchspersonen im Durchschnitt geschlafen? 12, 10 Stunden, 8 Stunden? Nein. Die durchschnittliche Schlafzeit betrug 4,4 Stunden.

Menschen, die lange schlafen, wissen häufig nicht, was sie mit ihrer Zeit anfangen sollen. Sie haben keine Pläne für den Tag. Sie schlafen mangels besserer Ideen, wie sie den Tag sinnvoller gestalten könnten.

Schlafen ist auch ein ausgezeichnetes Mittel, um sich vor unangenehmen Aufgaben zu drücken. „Du mußt noch den Rasen mähen und das Unkraut jäten". „Oh Gott, bin ich müde. Der Tag war so anstrengend. Ich muß mich jetzt unbedingt ausruhen". Plötzlich kommt der Anruf eines alten Freundes, dan man schon lange nicht mehr geschen hat. „Grüß Dich Peter. Was machst Du denn? Ob wir uns treffen können? Na klar. Ich freue mich riesig, dich mal wieder zu sehen". Auf einmal ist alle Müdigkeit verflogen. Man fühlt sich frisch und munter. Man war nicht wirklich müde. Man hat sich nur träge und müde gemacht durch seine negativen Gedanken.

Viele Menschen tun sich schwer, morgens aufzustehen. Sie sind schlecht gelaunt und nichts ist schlimmer für sie als ein Partner, der putzmunter ist und fröhlich

Man kann es nie allen recht machen.

ein Liedchen trillert. Ich spreche von den Morgenmuffeln unter uns. Das Problem der Morgenmuffel ist meist weniger, daß ihr Körper morgens nicht auf Touren kommt. Das Problem ist häufig ihre Einstellung, mit der sie den Tag beginnen. Sie gehören zu den Menschen, die morgens aufwachen und sich sagen: „Oh mein Gott, es ist schon wieder morgen". Sie betrachten den neuen Tag als eine Qual und einen Kampf, als ein Hindernis, das es schon wieder gilt zu überwinden. Mit dieser Einstellung ist es nicht verwunderlich, wenn sie lustlos sind und am liebsten liegen bleiben möchten.

Menschen dagegen, die aufwachen und sich sagen: „Guten Morgen mein Gott", haben bewußt oder unbewußt die Entscheidung getroffen, diesen Tag zu einem schönen Tag zu machen.

Wenn Sie auch zu den Morgenmuffeln gehören, dann denken Sie nur einmal an die Tage zurück, an denen Sie etwas Aufregendes erwartet haben: vielleicht eine Beförderung, Ihr neues Auto, ein schönes Geschenk zum Geburtstag, vielleicht die Urlaubsfahrt in den Süden. An diesen Morgenden waren Sie vermutlich alles andere als ein Morgenmuffel. Im Gegenteil. Sie sprühten vor Energie und waren vielleicht schon hellwach, ehe der Wecker klingelte. Sie konnten es gar nicht erwarten, daß der Tag anbricht und Ihnen das Schöne beschert. Es ist unsere Entscheidung.

Einige Anregungen

1. Der erste Schritt, mehr auf Ihre innere Stimme zu ist, daß Sie eine Bestandsaufnahme machen. Bei welchen für Sie wichtigen Entscheidungen lassen Sie es zu, daß andere Ihnen sagen, wie Sie Ihr Leben zu führen haben. Überlegen Sie gleich jetzt einmal, wo Sie zurückstecken und das tun, was andere von Ihnen erwarten, anstatt das zu tun, was Sie tun möch-

ten. Nehmen Sie einen Notizblock und schreiben alles auf, was Ihnen dazu einfällt.

2. Überlegen Sie nun, in welchen für Sie wichtigen Bereichen Sie beginnen wollen, das zu tun, was Sie für richtig halten. Schreiben Sie wiederum diese Bereiche und Situationen genau auf. Seien Sie dabei so konkret wie nur möglich.
3. Beantworten Sie folgende Fragen offen und ehrlich: Wenn ich mir mein Leben so einrichten könnte, wie ich wollte, wenn ich auf niemanden Rücksicht nehmen müßte, würde ich dann so leben wie jetzt? Würde ich mit dem Partner zusammenleben? Würde ich an dem Ort leben, in dem Land? Würde ich diese Arbeit machen?

   An welchen Orten wir leben, welche Arbeit wir machen, mit welchem Partner wir zusammenleben, all das ist unsere Entscheidung.

   Meist machen wir jedoch von dieser Entscheidungsmöglichkeit keinen Gebrauch, da wir Angst haben, den vertrauten Pfad zu verlassen und uns in Neuland zu begeben. Man muß jedoch die Küste verlassen, wenn man neue Kontinente erobern will.

7

Sei Dir
nicht selbst
Dein schlimmster
Feind.
Werde
Dein bester
Freund.

Das Bild, das wir von uns selbst haben, formt uns und läßt uns zu dem werden, was wir von uns halten. Abraham Lincoln lehnte es einmal ab, einen Mann einzustellen. Er erklärte: „Ich mag den Gesichtsausdruck dieses Mannes nicht". Ein Mitarbeiter erwiderte: „Aber Herr Präsident. Der Mann kann doch nichts dafür, wie er aussieht". „Doch, er kann", sagte Lincoln. „Die Gedanken eines Menschen und sein Verhalten formen seine Augen und sein Gesicht".

Das Bild, das wir von uns selbst haben, entscheidet darüber, ob wir uns ungeliebt oder geliebt fühlen, ob wir liebevolle und harmonische Beziehungen haben, ob wir glücklich oder unglücklich sind.
Wenn wir uns selbst bekämpfen und gegen uns eingestellt sind, dann zerstören wir uns selbst und vergiften all unsere Beziehungen.
Viele Menschen machen sich zu Recht Sorgen um die Verschmutzung und Vergiftung unserer Umwelt. Nur wenige Menschen aber machen sich Gedanken um den Schaden, den sie sich selbst und anderen durch einen Mangel an Selbstliebe zufügen. Sich selbst abzulehnen oder gar zu hassen, ist nämlich das Selbstschädigendste, was man sich antun kann.

Ein negatives Selbstwertgefühl ist die Ursache fast aller Probleme, die wir Menschen haben. Mangelnde Selbstliebe führt zu Aggressionen, Wut, Kindesmißhandlungen, Eifersucht, Neid, Ängsten, Unsicherheiten, Hemmungen, Depressionen, Partnerschafts- und Sexualproblemen, Übergewicht, Alkoholismus, Einsamkeit, Zwangsgedanken und Zwangshandlungen und, und...
Ob man feige ist wie ein Hase oder mutig wie ein Löwe, ein Draufgänger oder ein Hanswurst, ob man im Leben auf der Verlierer- oder auf der Gewinnerseite steht, all das hängt von der Einstellung ab, die man zu sich selbst hat.

Menschen, die sich nicht mögen, haben ständig etwas an sich auszusetzen und zu kritisieren. Sie sind sehr häufig mit sich unzufrieden.
Sie halten sich für zu klein, zu groß, zu dick, zu dünn, sie haben in ihren Augen eine zu große Nase oder eine zu kleine Nase, zu lange oder zu kurze Beine, einen zu großen oder zu kleinen Busen, zu viele oder zu wenige Haare. Sie haben für sich eine Menge Kosenamen wie Dummkopf, Idiot, Versager und Schlappschwanz.
Sie vergleichen sich ständig mit anderen und finden immer jemanden, den sie für attraktiver, intelligenter und besser halten. Und dann lassen sie kein gutes Haar an sich. Da sie von sich selbst sehr wenig oder gar nichts halten, ist ihnen die Meinung der anderen über sie sehr wichtig. Sie machen ihr Selbstwertgefühl weitgehendst davon abhängig, was andere von ihnen denken.

Wenn wir jedoch unser Selbstwertgefühl von der Meinung anderer abhängig machen, dann gehen unsere Gefühle wie eine Schaukel auf und ab.
Sagt jemand etwas Positives zu uns, dann wachsen wir um 5 cm. Sagt jemand etwas Negatives zu uns, dann sind wir auf einmal ganz klein. Unsere Stimmung geht dann wie eine Schaukel auf und ab und wir haben absolut keine Kontrolle über unsere Gefühle. Wir erleben uns als hilflos, so als ob andere Menschen mit uns machen könnten, was sie wollen.
Aber selbst anerkennende Worte befriedigen Menschen mit einem negativen Selbstbild nicht. Sie sind so sehr von ihrer Minderwertigkeit und Wertlosigkeit überzeugt, daß sie an den Worten der anderen zweifeln.
Anerkennende Worte sind ihnen unangenehm und sie tun ihr Bestes, um vor anderen nicht zu positiv dazustehen. „Sie haben heute ein sehr schönes Kleid an". „Ach, das ist nichts Besonderes. Das ist schon 3 Jahre alt. Ich habe es im Ausverkauf gekauft".

Andererseits sehen negative Menschen die leiseste Kritik oder das Ausbleiben anerkennender Worte als einen Beweis dafür an, daß sie mit ihrer schlechten Meinung von sich recht hatten. „Ich habs ja gewußt, daß ich nichts kann. Er hält mich auch für zu dumm dafür".

Menschen, die sich selbst nicht leiden mögen, sind stets auf der Suche nach Bestätigung. Sie stecken eigene Bedürfnisse zurück, sagen ja, auch wenn sie nein sagen möchten, kaufen sich teure Kleider und Autos und gehen auf Schönheitsfarmen. Ja sie scheuen selbst nicht davor zurück, kosmetische Operationen machen zu lassen oder sich fremder Leute Haare auf den Kopf zu setzen.

Die Werbefachleute und Hersteller von Kleidern, Parfüms und anderer Schönheitsartikeln wissen sehr genau, wie sie die Menschen anpacken müssen, damit diese ihre Produkte kaufen. Sie wissen, daß viele Menschen sich nicht mögen und deshalb geradezu süchtig danach sind, begehrt und geschätzt zu werden. Diesen wunden Punkt der Menschen machen sie sich zunutze, um für ihre Produkte zu werben. Sie suggerieren uns, daß wir beispielsweise mit dem Kauf des Parfüms x oder y mehr Anerkennung, Erfolg und Attraktivität erlangen werden.

Vielleicht kennen Sie die Werbung von Haartoupets, wie sie noch vor einigen Jahren in den Zeitungen zu sehen war. Diese Anzeigen arbeiteten mit dem „Vorher-Nachher" Effekt. Auf der einen Seite war ein Mann mit einer Glatze abgebildet, der so grimmig dreinschaute, daß man meinen konnte, er habe gerade 10 Morde begangen. Darüber stand „vorher". Rechts daneben war das Bild eines sympathisch dreinschauen-

*Selbstliebe ist der einzigste Weg,
um mit anderen in Frieden leben zu können.*

den und freundlich lächelnden Mannes zu sehen. Darüber stand „nachher" und darunter war zu lesen: „Mehr Erfolg und Sicherheit durch unsere Toupets".

Die Botschaft in solchen Bildern ist klar. Man kann nur attraktiv, selbstsicher und erfolgreich sein, wenn man Haare auf dem Kopf hat. Ohne Haare ist man nichts wert. Man kann dann nichts von sich halten und muß sich schämen. Man ist also so viel wert, wie man Haare auf dem Kopf hat.

Wir werden also aufgefordert, uns nicht zu mögen, so wie wir sind. Und warum sollen wir uns nicht mögen? Damit uns die Firma x ihre Produkte verkaufen kann.

Wovon wir überzeugt sind, bestimmt, wie wir uns fühlen und verhalten. Menschen unter Hypnose liefern hierfür einen überzeugenden Beweis. Ihr kritischer Verstand ist ausgeschaltet und sie nehmen deshalb das für bare Münze, was man ihnen sagt. Menschen unter Hypnose verhalten sich nach der Wahrheit, die man ihnen suggeriert. So schwitzen Menschen, wenn man ihnen in Hypnose suggeriert, daß es entsetzlich heiß ist. Sie legen ihre Kleider ab wie jemand, dem es zu heiß ist. Umgekehrt frösteln Menschen, wenn man ihnen suggeriert, daß es erbärmlich kalt sei. Sie ziehen sich wärmer an.

Auch wir hypnotisieren uns mit dem, was wir von uns denken. Wenn wir uns suggerieren, daß wir es nicht wert sind, daß man uns liebt, dann werden wir uns stets ungeliebt fühlen. Auch wenn uns jemand seine Liebe bekundet, können wir diese nicht annehmen. Wir glauben ihm nicht. Wir denken, er wolle uns nur nicht weh tun oder er führe etwas im Schilde und schmiere uns Honig um den Mund. Wir verhalten uns abweisend, und wenn der andere sich dann von uns abwendet, sagen wir: „Ich habs ja gewußt. Jemand wie mich kann man nicht gern haben".

Wenn wir davon überzeugt sind, nicht liebenswert zu sein, dann ist in uns kein Platz für die Liebe eines anderen. Wir glauben dem anderen nicht, da wir davon überzeugt sind, im Besitz der absoluten Wahrheit über uns zu sein. Alles, was nicht mit unserer Wahrheit übereinstimmt, lehnen wir ab und erklären es für unwahr und falsch oder zweifeln zumindest daran. Es paßt einfach nicht unser Bild des nicht-liebenswerten-Menschen, daß uns jemand liebt. Wir können uns einfach nicht vorstellen, daß jemand das „Nicht-Liebenswerte" liebt.

Eine Lehrerin machte einmal folgendes, sehr interessante Experiment. Sie sagte ihren Schülern, daß wissenschaftliche Untersuchungen ergeben hätten, daß Menschen mit blauen Augen begabter seien und mehr leisten könnten, als Menschen mit braunen Augen. Jeder Schüler, der braune Augen hatte, bekam ein Schild mit der Aufschrift „Braunauge" und jeder Schüler mit blauen Augen bekam ein Schild mit der Aufschrift „Blauauge".

Nach wenigen Wochen hatten die „Blauaugen" ihre Leistung sehr stark verbessert, während die „Braunaugen" in ihrer Leistung deutlich gesunken waren. Dann verkündete die Lehrerin, sie habe sich geirrt. Tatsächlich sei es so, daß die „Braunaugen" die Begabteren seien. Daraufhin sanken die Leistungen der „Blauaugen" und die Leistungen der „Braunaugen" stiegen.

Man verhält sich so, wie der, der man zu sein glaubt. Wenn man sich für dumm hält, dann traut man sich vieles nicht zu und wird es deshalb auch nicht ausprobieren. Wenn man sich für einen Versager hält, dann wird man immer einen Weg finden, um das negative Urteil

Selbstliebe ist der einzigste Weg,
um mit sich in Frieden leben zu können.

von sich zu bestätigen. Entweder tut man nichts oder man geht an alles nur halbherzig heran. Zwangsläufig ist der Erfolg gering und man sieht sich dann in seiner negativen Meinung von sich bestätigt. Man hält sich dann für sehr klug und weise. In Wirklichkeit aber ist man sehr dumm. Man hat nichts vorhergesehen, sondern hat es heraufbeschworen. Hat man aber Erfolg, dann sagt man zu sich: „Das war nur Zufall", oder „Das ist nichts Besonderes".

Wenn man glaubt, in einer Sache keine glückliche Hand zu haben, dann wird man immer vom Pech verfolgt sein. Wenn man sich für häßlich und unattraktiv hält, dann wird man immer einen Weg finden, um darin bestätigt zu werden. Macht ein anderer eine positive Bemerkung über das Aussehen, dann nimmt man ihm das nicht ab und denkt sich, er wolle einen nur nicht verletzen.

Das Bild, das man von sich selbst hat, bestimmt die Persönlichkeit und die Zufriedenheit im Leben. Dieses Bild bestimmt aber auch, ob wir zu unseren Mitmenschen eine positive Beziehung haben.

Ein Geistlicher bereitete sich auf seine Sonntagspredigt vor. Dabei wurde er immer wieder von seinem kleinen Sohn gestört, dem es langweilig war. Irgendwann wurde es dem Vater zu bunt und er zerriß eine Landkarte in kleine Teile. In der Hoffnung, daß sein Sohn für längere Zeit beschäftigt sei, gab er ihm die Aufgabe, die Landkarte, die nun einem Puzzle glich, wieder zusammenzusetzen. Doch schon nach ganz kurzer Zeit kam sein Sohn mit der fertig zusammengesetzten Landkarte zurück. Auf die erstaunte Frage seines Vaters, wie er das so schnell hinbekommen habe, antwortete der Sohn: „Das war ganz einfach. Auf der Rückseite der Landkarte war die Abbildung eines Menschen. Ich dachte mir, wenn ich den Menschen richtig zusammensetze, dann ist auch die Welt in Ordnung". Ist das nicht eine wunderbare Geschichte? Ist der Mensch in Ordnung, dann ist auch die Welt in Ordnung!

Chinesische Weisheit

Willst du das Land in Ordnung bringen,
so mußt du zuerst die Provinzen in Ordnung bringen.
Willst du die Provinzen in Ordnung bringen,
so mußt du zuerst die Städte in Ordnung bringen.
Willst du die Städte in Ordnung bringen,
dann mußt du zuerst die Familien in Ordnung bringen.
Willst du die Familie in Ordnung bringen,
so mußt du zunächst dich in Ordnung bringen.

Menschen, die sich mögen, machen sich keine Gedanken darüber, ob andere sie mögen oder schlecht von ihnen denken. Sie nehmen sich an und akzeptieren sich mit all ihren Fehlern und Schwächen. Ja, sie haben so etwas wie eine heimliche Liebesaffäre mit sich. Das heißt nicht, daß sie wie ein Pfau umhergehen und auf andere herabschauen. Sie haben es auch nicht nötig, sich für etwas Besseres zu halten.
Sie mögen sich ganz einfach und nehmen sich an. Diese Zufriedenheit spiegelt sich in ihrem Gesicht und in ihrem ganzen Wesen wieder. Durch ihre positive Einstellung zu sich haben sie eine Ausstrahlung, von der sich andere Menschen angezogen fühlen.

Warum Selbstliebe so wichtig ist

Um ein lebendiges und befriedigendes Leben führen zu können, muß man sich selbst mögen. Viele Men-

---

Das Gesicht einer Zwanzigjährigen
hat die Natur geschaffen,
das Gesicht einer Dreißigjährigen das Leben,
aber mit fünfzig hat man das Gesicht,
das man verdient.

Coco Chanel

---

schen hören das nicht gerne und vielleicht werden Sie mich dafür auch ablehnen. Aber ich gehe das Risiko ein, nicht von Ihnen gemocht zu werden.

Wir können anderen Menschen nicht etwas geben, das wir selbst nicht besitzen. Wenn ich keine Weisheit habe, dann kann ich nur Unwissenheit lehren. Wenn ich keine Freude habe, dann kann ich nur Verzweiflung lehren. Ich kann nur verlieren, was ich besitze. Ich kann meinen Nächsten nicht wirklich lieben, wenn ich keine Liebe für mich selbst habe. Alles, was ich dann tun kann, ist, einen anderen Menschen zu bewundern, aber das hat nichts mit Liebe zu tun. Alles, was ich habe, kann ich weggeben und mit anderen Menschen teilen.

Es sind die Schwachen, die grausam sind. Menschliche Größe kann man nur von starken Menschen erwarten. Schwach sind all jene Menschen, die sich nicht mögen. Stark sind nur jene, die sich mögen.

Wenn wir einem anderen Menschen eine Bitte abschlagen, dann macht dieser uns manchmal Vorwürfe, indem er sagt: „Du denkst nur an Dich. Du bist ein Egoist". Wir werden also aufgefordert, selbstlos und uneigennützig zu handeln. Ist der andere jedoch selbstlos, wenn er uns vorwirft, egoistisch zu sein? Nein. Er denkt ja auch nur an sich und daran, daß wir ihm seine Bedürfnisse erfüllen. Uns wirft er also Egoismus vor und selbst denkt er auch nur an sich.

Selbstlos sein, bedeutet, sich selbst und seine Wünsche loslassen zu können. Sich loslassen und damit selbstlos sein, kann jedoch nur, wer nicht das Gefühl hat, zu kurz zu kommen. Wenn wir für uns jedoch keine Liebe übrig haben, leben wir ständig in der Angst, zu kurz zu kommen. Wir haben ständig das Gefühl, daß uns etwas fehlt: Liebe. Dieser Mangel an Selbstliebe führt zu einem ungeheuren Bedürfnis nach Anerkennung durch andere.

Ein Mensch ohne Selbstliebe kann nie genug Anerkennung und Liebe von anderen bekommen. Das liegt daran, daß die Liebe anderer gleichsam wie ein Tropfen auf dem heißen Stein verdampft und sich in Luft auflöst. Dieser Mangel an Selbstliebe wirkt wie ein unersättlicher Schwamm, der alles und jeden aufsaugt.

Deshalb ist es für jeden von uns so wichtig, daß er versucht, der wunderbarste, einzigartigste und fantastischste Mensch zu sein, der er sein kann. Dieses Bestreben soll nicht dazu dienen, vor den Spiegel zu treten und zu fragen: „Spieglein, Spieglein an der Wand, wer ist der Schönste und Beste im ganzen Land?". Nein, es dient lediglich dazu, um alles, was man besitzt, weggeben und mit anderen Menschen teilen zu können.

In der Bibel steht der Satz: „Liebe Deinen Nächsten wie Dich selbst". Es heißt nicht „Liebe Deinen Nächsten s t a t t deiner selbst". Die Selbstliebe wird vorausgesetzt und nicht, wie viele Menschen meinen, abgelehnt oder verurteilt. Auf der anderen Seite sind wir jedoch fast alle von der Kirche, unseren Eltern und Lehrern zur Selbstaufgabe, Selbstaufopferung und Selbstverleugnung erzogen worden. Die Folge davon ist, daß wir vor jeder egoistischen Regung Angst haben und Selbstliebe als etwas Schändliches ansehen.

Die Selbstliebe ist jedoch gerade die Voraussetzung dafür, um selbstsüchtiges und egoistisches Verhalten überwinden zu können. Ein Mensch ist nur dann selbstsüchtig und denkt immer zuerst an sich, wenn er sich selbst nicht liebt.

Viele Menschen haben zum Beispiel Angst, im Mittelpunkt zu stehen und vor anderen zu sprechen. Sie sind

Habe Verständnis für Deine Schwächen.
Sei Dir ein guter Freund.

aufgeregt und haben Lampenfieber. Der Grund für die Nervosität liegt darin, daß diese Menschen Angst vor einer Blamage haben. Sie befürchten, sie könnten etwas Dummes sagen oder tun und würden dann vor den anderen blöd dastehen. Sie haben also Angst um ihr Image und ihr Ansehen. Sie denken nur an ihre eigene Person und machen sich um sich selbst Sorgen. Sie sind also selbstsüchtig. Und warum sind sie selbstsüchtig? Warum machen sie sich solche Sorgen um ihr Image? Weil sie ihr Image von ihrer Leistung abhängig machen. Sie tun etwas nicht um der Sache willen, sondern um ihrer selbstwillen. Sie wollen sich durch die Sache aufwerten. Sie machen ihr Image davon abhängig, wie gut sie ihre Sache machen. Warum aber hat man es nötig, sich aufzuwerten und anderen zu zeigen, was man hat oder kann? Weil man sich ohne die Sache minderwertig und wertlos vorkommt. Man glaubt, nichts zu sein, wenn man nichts tut. Man mißbraucht die Leistung, um sich aufzuwerten.

Eine positive Selbstachtung ist das Wertvollste, das wir in unserem Leben besitzen können. Das Wunderbare daran ist, daß wir uns unsere Selbstachtung nicht verdienen müssen. Sie hängt nicht davon ab, was wir tun und wie gut wir es tun. Sie hängt auch nicht davon ab, wieviel wir verdienen oder leisten.

Alles, was wir tun müssen, ist die Wahrheit über uns zu akzeptieren. Was also ist die Wahrheit über Sie? Was ist Ihr Bild von sich?

Sind Sie tatsächlich der Versager, Verlierer, Angsthase, Dummkopf oder Feigling, für den Sie sich vielleicht halten? Sehen Sie sich als Opfer oder als Meister Ihres Schicksals? Sehen Sie sich als häßlich oder hübsch an, wertvoll oder minderwertig? Halten Sie sich für unfähig oder kompetent, als intelligent oder dumm. Halten Sie sich für geschickt oder ungeschickt? Sind Sie wirklich hundertprozentig davon überzeugt, daß Ihr negatives Selbstbild wahr und richtig ist? Ist jeder Zweifel ausgeschlossen?

Habe ich Sie gerade sagen hören: „Natürlich kenne ich die Wahrheit über mich. Wenn nicht ich, wer dann?"

Seien Sie sich nicht zu sicher. Psychologen haben nämlich herausgefunden, daß es jedem Menschen am schwierigsten fällt, sich selbst objektiv zu beurteilen.

Ein junger Mann kam eines Tages zu mir in die Praxis. Seine Wahrheit über sich war, daß er abnormal und minderwertig sei, weil er einen „zu" flachen Hinterkopf habe. Er hielt sich deshalb für dumm und häßlich. Ich selbst fand nichts Ungewöhnliches an seinem Hinterkopf und so fragte ich ihn, wie er darauf käme, einen „zu" flachen Hinterkopf zu haben. Er erzählte mir folgende Geschichte: Als kleiner Junge habe er zufällig ein Gespräch seiner Eltern mitgehört. Sein Vater habe damals gesagt: „Ich frage mich, nach wem er gerät. Er hat nicht die typische Kopfform unserer Familie. Ist das nicht sonderbar?"

Der kleine Junge schaute sich daraufhin im Spiegel an. Er hatte sich zuvor nie Gedanken über seine Kopfform gemacht. Nun aber hielt er sich auf einmal für entstellt und abnormal. Er schaute sich im Fotoalbum seine Verwandten an und stellte fest, daß er tatsächlich eine andere Kopfform hatte als scin Onkel und seine anderen Verwandten. Er begann, sich für minderwertig und abnormal zu halten, und von da an begannen für ihn sehr qualvolle und schmerzliche Jahre. Seine vermeintliche Wahrheit über ihn bereitete ihm sehr viel Kummer.

So wie dieser Junge haben wir uns alle als Kinder ein bestimmtes Bild von uns zugelegt. Dieses Bild kommt nicht von ungefähr. Es ist entstanden durch die Erfahrungen, die wir mit unseren Eltern, Lehrern und Spiel-

Selbstliebe ist die Voraussetzung
für Nächstenliebe.

kameraden machten. Unsere Eltern und Lehrer sagten uns nämlich, was wir von uns zu halten hatten. Sie bombardierten uns mit Worten wie:

„Aus Dir wird nie etwas werden. Du wirst es nie zu etwas bringen. Du bist dumm. Deine Schwester ist viel klüger als Du. Du bist völlig ungeschickt. Du hast zwei linke Hände. Du Tollpatsch. Paß doch auf. Mit Dir ist man gestraft. Laß das stehen. Du läßt es doch nur fallen. Was Du in die Hände nimmst, das geht doch gleich kaputt. Alles machst Du falsch. Du hast überhaupt nichts zu melden. Werde erst mal erwachsen. Wie kann man nur so unvernünftig sein? Mit Dir muß man sich schämen. Mit Dir hat man nichts als Ärger. Du machst uns nur Sorgen. Warum kannst Du nicht wie andere Kinder sein? Du bringst mich noch ins Grab. Bilde Dir bloß nicht ein, daß Du was bist. Du dumme Gans. Du bist das Allerletzte".

Dieses Bombardement negativer und verletzender Worte mußten sich die meisten von uns Tag für Tag mal mehr, mal weniger anhören. Durch solch negative Worte wurde in uns etwas zerstört, das wir alle besaßen: Selbstvertrauen.

Ehe unsere Eltern kamen und auf so destruktive Weise auf uns einredeten, fühlten wir uns mit der Welt eins. Wir waren mit uns zufrieden und lebten in Harmonie mit uns. Wir waren von uns überzeugt. Wir hatten keine Hemmungen. Schüchternheit war für uns ein Fremdwort. Die Welt stand uns offen und jeder war unser Freund.

Nun mag der Eindruck entstehen, daß ich allen Eltern Vorwürfe mache. Das ist jedoch nicht meine Absicht. Ganz im Gegenteil. Auch Eltern sind nur Menschen. Sie hatten wiederum Eltern. Unsere Eltern sind quasi das Opfer ihrer Eltern. Wenn Eltern zu mir in die Praxis kommen, dann verbiete ich ihnen geradezu, sich Schuldgefühle wegen etwaiger Erziehungsfehler zu machen. Ich empfehle ihnen, sich ihre menschlichen Schwächen und Unzulänglichkeiten zu verzeihen. Ebenso empfehle ich den Kindern, ihren Eltern zu verzeihen und Frieden mit ihnen zu schließen. Die Menschen und die Welt werden nicht besser dadurch, daß die einen sich wegen ihrer Fehler Schuldgefühle machen und die anderen sie für ihre Fehler hassen.

Wir alle haben Tag für Tag die Möglichkeit, das negative Bild von uns zu verändern. Wir können lernen, wieder in Harmonie mit uns zu leben. Wir können die negativen Einflüsse unserer Erziehung durch eine positive Selbsterziehung wieder ausgleichen. Wir können unser negatives Bild von uns gegen ein positives eintauschen.

Lassen Sie uns damit beginnen. Machen wir zunächst eine Bestandsaufnahme. „Was habe ich schon zu bieten?" werden Sie nun vielleicht fragen. Nun, sehr viel. Sie sind nämlich ein Wunder. Ja, Sie haben richtig gelesen. Sie, ich, alle Menschen sind ein Wunder.
Sie sind unermeßlich reich. Sie besitzen so vieles, das mehr wert ist als alle Schätze dieser Welt. Sie halten es aber für selbstverständlich und schenken ihm deshalb keine Beachtung. Lassen Sie uns deshalb einmal eine kurze Bestandsaufnahme machen.

Sie können sehen.
Millionen von Rezeptoren in Ihren Augen schenken Ihnen den Anblick von Sonnenaufgängen und Sonnenuntergängen, lassen Sie eine Blume, einen Regenbogen oder eine schöne Landschaft genießen.

Sie können hören.
Eine Welt voller Klänge steht Ihnen offen: das Zwitschern der Vögel, das Rauschen der Blätter im Wald, die liebevollen Worte Ihres Partners, das Knistern eines Feuers, die Melodie eines Liedes,...

Sie können riechen.
Der Duft einer Rose kann Sie ebenso verzaubern wie der Duft von Heu und Wiesen.

Sie können schmecken.
All die Köstlichkeiten dieser Welt sind für Sie da, damit Sie sie auf der Zunge zergehen lassen können.

Sie können sprechen.
Sie können mit Ihren Worten einem anderen sagen: „Ich liebe dich". Sie können einem Verzweifelten Mut zusprechen und den Deprimierten aufmuntern. Sie können lachen und singen und anderen mit Ihren Worten eine Freude machen.

Sie können gehen.
Sie sind nicht wie ein Baum oder ein Strauch an einen Ort gefesselt. Sie können Berge besteigen und die Welt erkunden. Sie können tanzen und hüpfen, rennen oder gemächlich gehen.

Sie haben ein Herz.
Es schlägt 36 Millionen Mal im Jahr. Jahr für Jahr hält es Sie unermüdlich am Leben. Es pumpt mehr als 2 Millionen Liter Blut im Jahr durch Ihren Körper.

Sie können fühlen.
Sie können das weiche Fell eines Tieres ebenso spüren wie die rauhe Oberfläche eines Baumstammes. Sie können mit Ihrer Haut tausenderlei verschiedene Empfindungen aufnehmen.

Sie können denken.
Ihr Gehirn ist das komplizierteste und fantastischste Organ Ihres Körpers. 13 Billionen Nervenzellen verarbeiten jede Wahrnehmung, jedes Geräusch, jeden Geschmack, jeden Geruch, jede Empfindung. Sie helfen Ihnen, kreativ zu sein und Ihre Bewegungen sinnvoll zu koordinieren. Noch nie ist es einem Menschen gelungen, etwas Ähnliches zu erschaffen. Ein Computer

müßte 10.000 Mal größer sein als unser Gehirn, um auch nur annähernd die Kapazität zu haben, die unser 3 Pfund schweres Gehirn hat.

Ihr Körper hat die Fähigkeit, sich an Kälte und Wärme anzupassen. Er reguliert sich selbst und erledigt tausenderlei von lebenserhaltenden Aufgaben von selbst. Er bekämpft Infektionen und Schmerzen. Auf wunderbare Weise verrichtet er alle Aufgaben besser, als es ein Mensch oder eine Maschine jemals zu tun vermögen.

Würden Sie nicht auch meinen, daß Sie in Anbetracht all dieser Fähigkeiten ein Wunder sind? Für mich ist der Mensch das größte Wunder auf dieser Welt. Warum denken Sie so gering von sich? Warum sind Sie sich oft Ihr schlimmster Feind? Sie sind so reich und besitzen den größten Schatz dieser Welt. Warum gehen Sie so achtlos mit ihm um?

Jeder Mensch ist einzigartig. Von den schätzungsweise 70 Billionen Menschen, die auf unserer Erde bisher gelebt haben und noch leben, gab es niemanden, der genau wie Sie war und es wird niemals mehr jemanden wie Sie geben.

Ich sitze sehr gerne in Straßencafés und beobachte andere Menschen. Dabei bin ich immer wieder fasziniert, wie sehr die Menschen sich von ihrem Äußeren unterscheiden. Ein manches Mal kann ich es gar nicht fassen, welche Vielfalt sich die Natur hat einfallen lassen, um uns Menschen eine Hülle zu geben.

Sie und ich, jeder einzelne Mensch ist etwas Besonderes und sehr Seltenes. Ist das nicht alleine schon Grund genug, daß wir uns für wertvoll und wichtig halten? Haben wir nicht geradezu die Pflicht, so etwas Wunderbares zu schätzen?

Warum sind die Bilder alter Meister so teuer und wertvoll? Wieso gibt es Menschen, die mehrere Millionen

Mark bezahlen, um einen Rubens oder einen Van Gogh zu kaufen? Der Grund ist: jedes dieser Bilder existiert nur ein einziges Mal auf dieser Welt. Das macht diese Bilder so wertvoll. Auch Sie existieren nur ein einziges Mal auf dieser Welt. Darum sind auch Sie wichtig und wertvoll. Sie müssen sich lediglich dafür entscheiden, sich so zu sehen.

Verbergen Sie nicht Ihre Einmaligkeit. Vielleicht haben Sie eine große Nase oder eine besonders auffallend geformte Nase. Dadurch unterscheiden Sie sich von anderen Menschen. Lieben Sie Ihre Nase. Sie gehört zu Ihnen, ist ein Teil Ihrer Person und Ihrer Persönlichkeit. Warum wollen Sie wie andere aussehen? Verbergen Sie Ihre Einzigartigkeit nicht oder versuchen gar, so zu sein wie andere. Seien Sie stolz darauf, sich von anderen Menschen zu unterscheiden.

Stellen Sie sich vor den Spiegel und sagen Sie sich: „Ich finde meinen Körper schön. Ich nehme mich an, wie ich bin. Ich bin ein Wunder und verdiene es, gut von mir zu denken".

Wie schließe ich Freundschaft mit mir?

So wie eine Freundschaft zwischen 2 Menschen wachsen und reifen muß, so muß auch die Freundschaft zu sich selbst wachsen und reifen. Dies trifft umso mehr zu, wenn Sie bisher sich selbst eher ein Feind als ein Freund waren. Die Chance, aus einem Feind einen Freund zu machen, ist umso größer, je mehr ich ihm durch mein Verhalten zeige, daß ich ihn liebe und annehme. Mit der Zeit werden seine Abwehr und sein Mißtrauen schwächer und er wird zum Freund.

Überhaupt gibt es sehr viele Parallelen zwischen der Freundschaft zu einem anderen Menschen und der Freundschaft zu sich selbst. Schauen wir uns deshalb einmal an, was eine gute Freundschaft zu einem anderen Menschen ausmacht.

Stellen Sie sich einmal Ihren besten Freund oder Ihre beste Freundin vor. Wie verhalten Sie sich ihm oder ihr gegenüber? Was tun Sie, um die Freundschaft zu pflegen und zu stärken?
Sie sind für den anderen da, wenn er Sie braucht.
Sie helfen ihm, wo Sie können.
Sie lassen ihn nicht im Stich, wenn er Probleme hat.
Sie versuchen, ihn aufzurichten, wenn er deprimiert ist.
Sie machen ihm Mut, wenn er mutlos ist.
Sie haben Verständnis für ihn, wenn er Fehler macht.
Sie verzeihen ihm, wenn er schlecht gesprochen oder gehandelt hat.
Sie vertrauen ihm.
Sie sagen ihm nette Dinge.
Sie halten auch in schwierigen Zeiten zu ihm.
Sie machen ihm kleine Geschenke.
Sie respektieren ihn und seine Meinung.
Sie nehmen ihn ernst und macht sich nicht lächerlich über ihn.
Sie sind offen und ehrlich zu ihm.
Sie sind ihm gegenüber tolerant.
Sie trösten ihn, wenn es ihm schlecht geht.

Mit sich selbst Freundschaft zu schließen, bedeutet, zu sich selbst so zu sein wie zu seinem besten Freund: verständnisvoll, rücksichtsvoll, verzeihend, unterstützend, vertrauensvoll, zuversichtlich, tolerant.

Beginnen Sie, sich selbst so zu behandeln, wie Sie es sich von Ihrem besten Freund wünschen. Beginnen Sie damit, alle Selbstkritik von sich fernzuhalten. Haben Sie Verständnis für sich, wenn Sie Fehler machen. Haben Sie Geduld mit sich, wenn Ihnen etwas nicht auf

Es hat einen Grund,
daß die Menschen verschieden sind.

Anhieb gelingt. Behandeln Sie sich selbst so, wie Sie sich wünschen, von anderen Menschen behandelt zu werden. Sprechen Sie sich selbst Mut zu, wenn Sie verzweifelt sind. Geben Sie sich selbst all die Unterstützung und Hilfe, die Sie auch Ihrem besten Freund geben würden.

Man muß die Freundschaft zu einem anderen Menschen pflegen. So ist das auch mit der Freundschaft zu sich selbst. Man muß sich immer wieder aufs neue darum bemühen.

Wenn wir eine echte Freundschaft zu uns aufbauen wollen, dann dürfen wir nicht die Fehler begehen, 1. an uns zu zweifeln, 2. uns für Fehler zu verurteilen und 3. uns mit anderen zu vergleichen.

1. Glauben Sie an sich

Wie können wir von uns erwarten, Großes zu leisten, wenn wir ständig an uns zweifeln, uns für unfähig und dumm halten, uns ständig kritisieren und klein machen?

Wir können nur dann im Leben persönlich und beruflich erfolgreich sein, wenn wir an uns glauben, wenn wir uns Tag für Tag sagen, daß wir die Kraft und Fähigkeit haben, unser Leben zu meistern. Nur wenn wir uns selbst Mut zusprechen können und uns selbst nicht aufgeben, dann haben wir die Kraft und die Ausdauer, zum Ziel zu gelangen. Der Glaube an sich selbst und sein Können sind der Grundstein für ein erfolgreiches Leben.

Der positiven Tat geht immer das positive und sich selbstbejahende Denken voraus. Das fällt einem nicht in den Schoß. Man muß es üben. So wie Muskeln, die wir nicht gebrauchen, verkümmern, so verkümmert unser Selbstvertrauen, wenn wir es nicht täglich aufs neue praktizieren. Das selbstbejahende Denken muß ebenso zur Gewohnheit werden wie die täglichen Mahlzeiten oder der Gang zur Arbeit.

2. Haben Sie Mut zu Fehlern

Ein gutes Selbstvertrauen hängt sehr stark von einem positiven Selbstwertgefühl ab. Beide, Selbstvertrauen und ein positives Selbstwertgefühl sind ebenso voneinander abhängig, wie die Pflanze Wasser benötigt, um zu gedeihen. Ohne ein positives Selbstwertgefühl kann man auch kein Selbstvertrauen entwickeln. Selbstvertrauen zu haben, bedeutet, sich mit seinen Stärken und Schwächen zu akzeptieren. Es bedeutet, auf sich selbst vertrauen und bauen zu können.
Selbstvertrauen kann man jedoch nur entwickeln, wenn man das Risiko eingeht, Fehler zu machen, und den Mut hat, negative Erfahrungen zu machen. Vielleicht haben Sie auch schon einmal gedacht: „Ich würde gerne dieses oder jenes tun, aber es fehlt mir einfach an Selbstvertrauen.

Selbstvertrauen erlangt man nur dadurch, daß man das tut, worin man Selbstvertrauen erlangen will. Denken Sie nur einmal an Ihre ersten Fahrstunden zurück. Sie erlangten erst nach vielen Fahrstunden eine gewisse Sicherheit und ein Vertrauen in Ihre Fahrkünste. Sie wußten: „Ich muß mich hinters Steuer setzen und fahren und mit der Zeit bekomme ich Sicherheit". So ist es auch mit all den anderen Dingen im Leben. Man muß tun, wovor man Angst hat, und erst mit der Zeit wächst das Selbstvertrauen.

Negative Erfahrungen können ein wunderbarer Lehrmeister sein. Edison, der Erfinder der Glühbirne, benötigte mehr als 10.000 Versuche, ehe es ihm gelang, eine Glühbirne zu entwickeln. Auf die Frage eines Reporters, ob er denn nicht nach 10.000 erfolglosen Versuchen entmutigt sei, antwortete er: „Nein, ich kenne jetzt 10.000 Wege, wie es nicht geht".
Erlauben Sie negativen Erfahrungen nicht, Sie mutlos zu machen. Sonst geht es Ihnen wie jener Katze, die auf

einen heißen Ofen gesprungen ist. Diese schmerzliche Erfahrung bewirkte, daß die Katze nie mehr auf einen heißen Ofen sprang. Aber sie sprang auch nie mehr auf einen kalten Ofen!

Geben Sie nicht auf, wenn Ihnen etwas mißlingt. Nehmen Sie einen 2., und wenn nötig einen 3. und 4. Anlauf. Sie brauchen vielleicht nur noch wenige Zentimeter tiefer zu graben und Sie stoßen auf eine Goldmine.

Wenn Sie einen Mißerfolg nicht zum Anlaß nehmen, um an sich und Ihren Fähigkeiten zu zweifeln, wenn Sie also trotzdem an sich glauben, dann werden Sie die entmutigendste und enttäuschendste Situation mit Hoffnung, Mut und Vertrauen meistern.

Als kleines Kind sind Sie ein paar Dutzend Male hingefallen bei dem Versuch, laufen zu lernen. Sie haben sich dabei ein manches Mal weh gemacht, aber Sie sind immer wieder aufgestanden, ein Mal mehr als Sie hingefallen sind, und eines Tages konnten Sie laufen. Ein Mal mehr aufstehen, als man hingefallen ist, das ist eines der Geheimnisse erfolgreicher Menschen.

3. Stellen Sie keine Vergleiche an.

Wir Menschen haben die Neigung, uns ständig mit anderen Menschen zu vergleichen. Dies ist jedoch ein großer Fehler. Wenn wir uns mit anderen vergleichen, dann ist das so, als würden wir einen Apfel mit einer Orange vergleichen. Das wäre jedoch Unsinn. Äpfel und Orangen sind zu verschieden, als daß man sie miteinander vergleichen könnte.

So ist es auch mit den Menschen. Kein Mensch ist wie der andere. Jeder Mensch hat in seinem Leben unterschiedliche Erfahrungen gesammelt, die ihn geprägt haben. Jeder Mensch hat unterschiedliche Startbedingungen gehabt. Jeder wurde zu Hause und in der Schule unterschiedlich gefördert. Jeder Mensch verfügt über unterschiedliche Fähigkeiten und Talente. Deshalb kann man sich auch mit anderen Menschen nicht vergleichen.

Hören Sie deshalb auf, Vergleiche anzustellen. Sie sind vielleicht eine Orange und der andere ist der Apfel. Vielleicht sind Sie kein guter Tänzer oder keine gute Köchin. Na und. Was heißt das schon? Hängt Ihr Wert als Mensch davon ab, wie gut Sie tanzen oder kochen können? Sie haben absolut keinen Anlaß, auf sich herabzuschauen, nur weil es Menschen gibt, die etwas besser können als Sie. Sie sind dafür Ihren Mitmenschen in anderen Bereichen überlegen, auch wenn Sie das nun bestreiten. Es gibt ganz sicherlich Menschen, die schlechter dran sind als Sie. Ich weiß, was Sie nun einwenden. „Man vergleicht sich doch nur mit denen, die besser sind als man selbst. Die anderen sind doch kein Maßstab". Recht so. Diese Denkweise ist der sicherste Weg, um sich unglücklich zu machen. Wenn man immer nur auf das schaut, was man nicht kann, weiß oder besitzt, dann macht man sich systematisch unzufrieden. Wenn man das, was man besitzt, für selbstverständlich hält und nicht dankbar dafür ist, dann ist man der ewig Unzufriedene.

Ganz sicherlich gibt es Menschen, die Sie um das eine oder andere bewundern. Vielleicht können Sie gut zuhören - eine seltene Gabe heutzutage. Vielleicht verstehen Sie es wunderbar, auf andere einzugehen. Vielleicht sind Sie aber auch eine sehr geduldige Mutter oder ein geduldiger Vater.

Das Problem dabei ist nur, daß Sie selbst all Ihre positiven Eigenschaften und Verhaltensweisen für gering achten. Sie halten sie für selbstverständlich und nicht erwähnenswert. Das ist sehr schade. Wenn Sie sich Ihrer guten Seiten doch nur ein bißchen mehr bewußt wären und dafür Ihre Fehler und Schwächen nicht so hoch bewerten würden. Sie könnten anderen dann so viel geben: Liebe.

In Ihnen steckt der Samen eines wunderbaren Menschen. Lassen Sie ihn aufgehen, indem Sie zu sich selbst liebevoll und nett sind. Geben Sie diesem Samen die Möglichkeit, das hervorzubringen, was in ihm steckt.

Eine Aufforderung zum Leben.

Habe den Mut.....

Wenn die Menschen unvernünftig und selbstbezogen sind, habe den Mut, sie trotzdem zu lieben.

Wenn Du Erfolg hast, dann wirst Du falsche Freunde und wahre Feinde gewinnen; habe den Mut, trotzdem erfolgreich zu sein.

Ehrlichkeit und Offenheit machen Dich verletzlich; habe den Mut, trotzdem offen und ehrlich zu sein.

Das Gute, das Du heute tust, wird morgen vergessen sein; habe den Mut, trotzdem heute Gutes zu tun.

Wozu Du Jahre benötigst, um es zu erschaffen, kann in wenigen Sekunden zerstört werden; habe den Mut, trotzdem zu erschaffen.

Wenn Du lachst und ausgelassen bist, dann läuftst Du Gefahr, als kindisch angesehen zu werden; habe trotzdem den Mut, zu lachen und ausgelassen zu sein.

Wenn Du weinst, dann riskierst Du, als sentimental angesehen zu werden; habe den Mut, trotzdem zu weinen.

Wenn Du Deine wahren Gefühle zeigst, dann riskierst Du, dafür abgelehnt zu werden; habe trotzdem den Mut, Du selbst zu sein.

Wenn Du anderen verzeihst, dann riskierst Du, als schwach angesehen zu werden; habe trotzdem den Mut, anderen zu verzeihen.

Wenn Du anderen vertraust, dann riskierst Du, als naiv angesehen zu werden; habe trotzdem den Mut, anderen zu vertrauen.

Habe den Mut, mutig zu sein. Wenn Du nichts riskierst, dann gehst Du das größte Risiko von allen ein: Du riskierst zu sterben, ohne je gelebt zu haben. Habe deshalb den Mut, etwas zu riskieren.